改訂版 平井聖 図説 日本住宅の歴史

学芸出版社

JN058688

はじめに

　旅先で、その日の宿が決まるとほっとする。旅なれていても、よく知っている土地でも、その日の宿が決まらないと落ち着かないし、不安である。私達にとって、寝る場所を定めること、これが住居の第一の条件である。

　安心して寝ることのできる場所をつくるのにも、地域や民族によってちがいがある。寒い所では、寒さを防ぐために壁をがっしりと積み、屋根をかけて密閉された家をつくる▷1。壁に石を積む人々がある▷3。乾燥している所では、日干し煉瓦を積む。厚い土壁を塗る場合もある。木材が豊富な所では、丸太を積み上げて丸太小屋ができる。木も石も土もない北極海に近い所では、氷を切って半球を伏せたような家をつくる。

　寒い所の家には窓がほとんどなく、あっても小さい。同じようなつくりの家が暑い所にもある。中近東の暑くて乾燥した地域などでは、窓の小さい家をつくる▷5。暑い太陽の光をさけ、熱気が入らないようにと考えている。

　家をつくる材料も、木・石・煉瓦・泥・氷のほかに、毛皮・竹・木の葉・藁・布 1~5 など、地域によってさまざまである。

1　フィンランドの住居（丸木づくり）

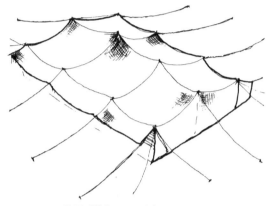

2　シリアの住居（織物のテント）

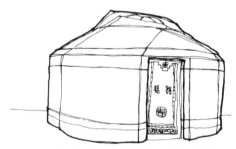

4　蒙古の包（パオ）（木骨フエルトばり）

3　イタリア・アルベロベロの住居（石積み）

5　アメリカ・ニューメキシコの住居（泥づくり）

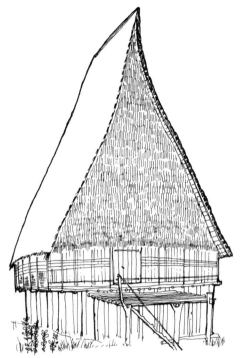
6　南ベトナムの住居

　気候のよい所では、何もつくらなくてもいい。盗られる物もなければ、道端に寝ていてもかまわないのだが、普通は財産や生命を護るために囲をつくることになる。そのような場合には、屋根より壁が大切である。敵や獣に襲われる恐れのある所では、まわりを囲む壁が家をつくる基本である。

　一方、雨の多い所の住居は、屋根が基本である。

　尾根をつくって、雨が降っても安心して寝られるようにする。地面にそのまま寝ていたのでは水びたしになるから、床をつくる。木や竹で床をつくるほかに、土壇をつくることもある。洪水の恐れのある所では、床を高くする。人の背くらい高くすると、洪水に安心であるばかりでなく、動物に襲われることもない。また、涼しくていい。床下で家畜を飼うこともできる▷6。

　寝るためにつくられた家に、人間が技術を持つようになると、次々と新しい機能が加わる。火を使うようになると、炉やかまどが生まれる。暖をとること、炊事をすることなど、火を使って生活が複雑に展開する。まず、住居の中で炊事する場所が分離する。火は実用的な役割だけでなく、神聖なものとされ恐れられた。住居が棟を分け、いく棟かで構成されるようになると、必ず炊事のための建物が建てら

れている。

　農耕が盛んになり、収穫物を貯えておくようになると、毎日獲物を追いかけたり、木の実を探したりしなくてもよくなる。昼間の生活も、住居の中で次第に大きな割合を占めるようになる。また、階級も生まれ、上層の家では家族のために建物を建てるようになる。

　日本の住居は間仕切が少なく、寝る所を区画するほかは、壁で仕切ることはない。板敷あるいは畳敷の室内は、寝るにも食事をするにも人に会うにも、ちょっと模様替するだけでいい。このような便利な生活様式も、近代の生活改善運動や建築学では未分化の非衛生なものとして排斥されている。食事は食堂で、一家の団欒は居間で、勉強や寝るのはそれぞれの個室でと機能に対応する部屋を用意し、機能分化することが良いことだとされてきた。洋風の椅子式生活様式も入ってきた。

　このような機能分化や椅子式生活の導入は、敗戦後の狭い家を小さい部屋に細分化してしまった。個室をいくつか確保し、食事をつくり食べる部屋を設けると家族が集まり語り合う部屋がなくなってしまう。椅子式生活で家具がふえ、ますます部屋を狭くしている。ただでさえ、家族の生活がばらばらで話し合いの時間がとれないのに、住民の事情はさらにそれを不可能にしている▷7。

　これからの住居のあり方を考えるために、これまでの日本の住居の歴史をふりかえり、私達の住宅がどのような経緯ででき上がったか、どのような特色をもっているかを探ることにしよう。

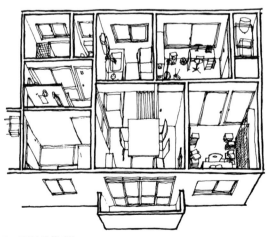
7　3DK の住まい

目次

先史時代の住居

竪穴住居

高床建物

平地住居

竪穴住居

　日本人がつくった住居の中で、今わかっている最も古い形式は、竪穴住居である[1]。それより古く、横穴などを利用したことが、九州などで知られているが、それらが人間がつくったものなのか、またその横穴にどのくらいの期間住んでいたのかは明らかにされていない。

　この日本で、最も古い住居である竪穴住居は、日本全国で発見され、古代まで広く用いられていた。縄文時代・弥生時代、そして古墳時代までに発見された住居のほとんどすべてが、竪穴住居であった。いつ頃までつくられ、使われていたかは地域によって異なるが、一番早く終末を迎えたのは近畿地方で、平安時代に消滅してしまう。他の地域では、もう少しあとまで使われ、東北地方では室町時代になっても、竪穴住居があったことが確かめられている。

　竪穴住居[1]は、地表面から少し掘り下げて住居をつくるので、その名がある。当時の地表から50セ

ンチほど掘り下げ、その面に石を数個ならべて炉をつくったり、土器をおいたりしているから、これ以後のほかの住居形式にくらべて発見される機会が多かった。平面の形は、地域・時代によってちがうが、円形・隅丸方形・方形が基本である。さし渡しは5メートル前後が多く、その床に4本から6〜7本の柱をたてた穴が残っている。柱は穴を掘ってその中にたてる掘立柱である。

　発見される竪穴住居の跡は、ほとんど住み手がいなくなり自然にくちはてたもので、その中での生活の様子を知る手がかりや、どのような構造の建物が実際に建っていたかを想像させる遺物がみつかる可能性は少ない。全国各地に竪穴住居を遺跡の上に建てている例があるが、それらは皆推定で、確かなものは1つもない。住居址の柱穴を調べたり、埴輪や家屋文鏡に描かれた絵、古墳から出土した刀の飾りなどを参考にしてさまざまな復原が試みられている。

復原姿図

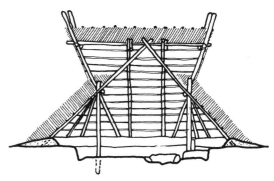

復原断面

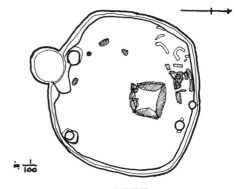

発掘平面

1　与助尾根第7住居址（長野県）（「尖石」1959による。復原は堀口捨己博士）

2 家屋文鏡の文様（奈良県）

3 大刀環頭の飾り（奈良県）

4 埴輪屋（群馬県）

5 鎌倉時代初期の竪穴住居（粉河寺縁起絵巻）

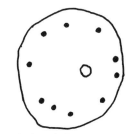

6 鞍船遺跡（愛知県・縄文前期）

竪穴住居の資料 ▷ 2〜5

　考古学的な発掘作業によって、残されていた竪穴が発見され、かつてそこに竪穴住居があったことがわかる。しかし、竪穴やその底にある柱穴などだけでは、どのような姿の建物であったのか想像することはむつかしい。具体的に姿を伝えているのは、古墳から出た副葬品である。どちらも奈良県で見つかったものだが、装飾として刀につけられていたものと鏡に描かれていた竪穴住居は、円錐形に近い形と考えられ、円形や隅が丸くなった方形の竪穴にふさわしい形式と考えられる▷2、3。

　埴輪は、古墳時代の生活を伝えているが、家形の埴輪の中に屋根だけのものがあって、竪穴住居をかたどったものと考えられている。埴輪の竪穴住居は、数多く発見されているが、それらは本を伏せたような切妻形式で、刀の飾りや鏡の模様の竪穴住居とはちがった形である▷4。かつて、原始住居として切妻形式の天地根元宮造が考えられていたが、考古学の発展にともなって、円形や隅丸の方形平面の竪穴住居址が次々に発見されたため、方形平面にしか考えられない天地根元宮造は否定されてしまった。しかし、切妻形式の埴輪が多く出土し、竪穴の形もさまざまだということがわかってくると、切妻形式の竪穴住居もあったと考えた方がよい。

　竪穴住居の平面は、縄文時代には中部では丸、関東では方形が多く、弥生時代になると逆に関東で丸、近畿では方形が多くなる。その後は、全国的に方形になっていくが、地域によって六角のもの、床にベッド状の段のあるもの、とくに規模の大きいものなども発見されている。

　縄文時代の竪穴住居は、中央あたりに石で囲んだ炉がつくられていたが、弥生時代以降、奥の壁ぎわにかまどをつくり煙突を出したものが多くなった▷6、7、10、11。

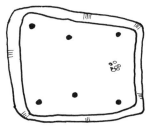

7 南遺跡（埼玉県・縄文前期）

集落

　1つの竪穴住居に、小さいもので3～4人、普通の大きさで6～7人が一緒に住んでいたと推定されている。はっきり記録されていたわけではなく、何度か増築したことがわかる竪穴住居がみつかり、その1回1回が、家族がふえたためであると仮定すると、そのたびに3平方メートルずつ増築した計算になるという研究がある。竪穴住居の中には炉のある所など住めない部分があるので、その分の人数をへらす必要がある。

　1つ1つの竪穴住居に住んでいた人々の構成は明らかにされていないが、竪穴住居は独立して1つだけ建っていることはなく、常に数個から十数個が集落を構成していた。1つの遺跡から数十個の住居址が発見された所もあるが、それらはすべてが同時に存在したわけではなく、長い歳月の間に放棄されたり、建て直された住居の跡が同時に発見されたのである[8]。

　竪穴住居に住んでいた人々が、縄文時代には今と同様な核家族であったとする説もあるが、集落全体の人々が1つの血縁集団で、族長を囲む集団、男たちの集団、そして女とその子供たちの集団にわかれていたとする考えも提案されている。

　竪穴住居の集落は、縄文時代には南下りの丘の上にあり、広場を囲んでまわりに住居が配置されるのが一般的であった[9]。広場では祭や食事などの共同作業が行われていた。弥生時代になると、水田農耕がはじまったために、集落は低湿な場所に移る。そして、稲穂をたくわえるための高床の倉がつくられるようになる。竪穴住居は、低湿な場所では床面が湿気るので藁や板などを敷き重ねるだけでなく、50センチほどであった竪穴の深さが次第に浅くなっていく。

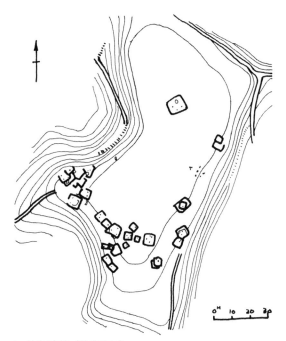

8　南堀遺跡（神奈川県）

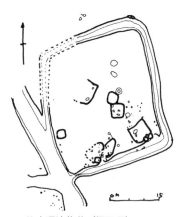

9　比恵環濠集落（福岡県）

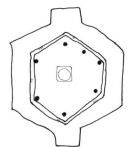

10　播磨大中遺跡（兵庫県・弥生後期）

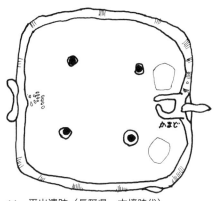

11　平出遺跡（長野県・古墳時代）

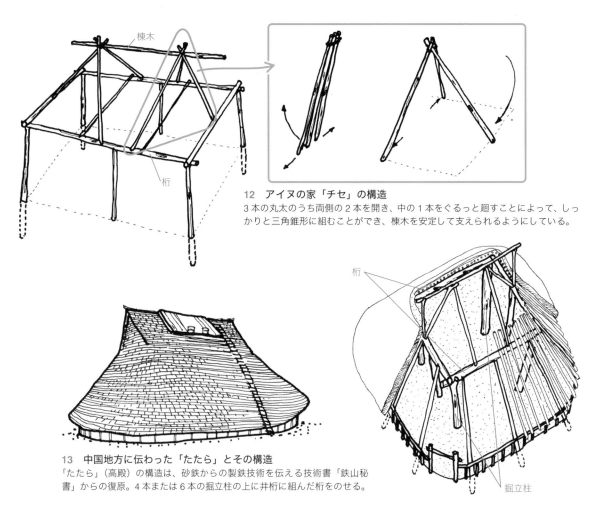

12　アイヌの家「チセ」の構造
3本の丸太のうち両側の2本を開き、中の1本をぐるっと廻すことによって、しっかりと三角錐形に組むことができ、棟木を安定して支えられるようにしている。

棟木

桁

桁

掘立柱

13　中国地方に伝わった「たたら」とその構造
「たたら」（高殿）の構造は、砂鉄からの製鉄技術を伝える技術書「鉄山秘書」からの復原。4本または6本の掘立柱の上に井桁に組んだ桁をのせる。

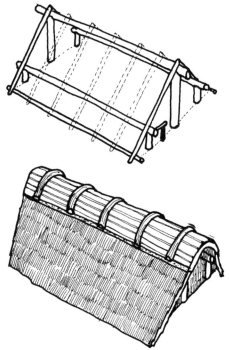

14　伊勢旧一色村製塩場の模型とその構造

竪穴住居の構造

　竪穴住居は建ったままうずもれてしまったという例が発見されたことがないので、床面に残された主柱の柱穴から、その構造を想像する以外に方法がない。竪穴住居の平面は、円形・隅が丸くなった方形・六角形などさまざまであり、柱の数も2本、4本あるいはそれ以上のものもあって、とうてい一種の構造であったとは考えられない。

　これまで各地で竪穴住居の復原が試みられたが、参考にされた建物[>13,14]もさまざまである。なるべく昔からの構造形式をそのまま伝えていると考えられる建物が参考にされている。1つは、アイヌの住宅「チセ」[>12]で、三角錐形に丸太を組んだ構造2つを桁の上にのせ、この2つの構造を棟木や母屋でつないでいる。三角錐形に3本の丸太を組む方法が独特で、3本の丸太を錐形にたててから結ぶことにより、しっかり固めることができる[>12]。

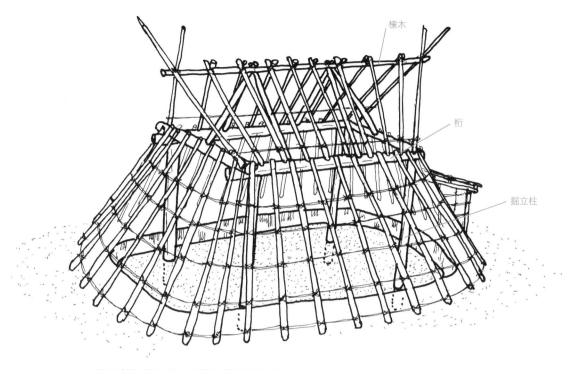

15 登呂遺跡の復原住居の構造（静岡県）（関野克博士の復原図による）
4本の掘立柱に井桁に組んだ桁をかける。その上にのる3本の丸太を組んだ構造で棟木を受ける。

　製鉄のための小屋である「たたら」[13]は、4本の柱を地面に掘った穴にたてる掘立柱とし、その上に梁・桁を組み、叉首と卯立で棟木を支える構造で、この構造は静岡県の登呂遺跡で発見された住居址の復原などに応用されている[15]。

　また、伊勢でかつて使われていた製塩のための建物[14]は、明治につくられた模型からみると、両端で支えられた棟木・母屋に垂木をかけた構造で、切妻形式の竪穴住居の姿を思わせるものである。

　埴輪に残っている竪穴住居の構造を想像すると、両端で支えられた棟木に垂木をかけた形式と思われる[16]。竪穴住居址の中に、方形で両端中央にそれぞれ1本の柱がたっていた穴が残っているものがあって、製塩小屋と同じような構造であったと考えられる[16]。

　これだけでなく、さまざまな形式があったと思われる。

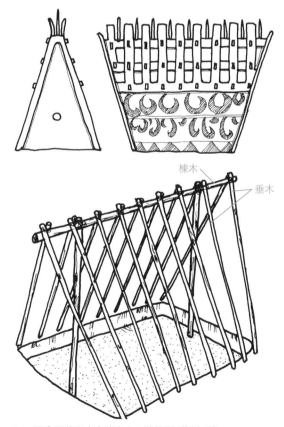

16 羽生田茶臼山古墳出土の埴輪屋（栃木県）
下はその構造の推定。

中国の竪穴住居

中国は先史時代から、我が国に一番大きな影響を与えてきた国である。中国は国土が広く、地域によって事情がちがうが、西安半坡などで竪穴住居が発見されている。最も古い竪穴住居は、人間の背丈ほども穴の深さがあり、口より底の方が広く、簡単な屋根をかけただけのもので、袋穴と呼ばれている。

日本の竪穴住居に一番近い平面をもった2つの例を参考に引用する。共通して日本の竪穴住居とちがうところは、入口が斜路あるいは階段ではっきりつくられていること、屋根や壁が土で塗りこめられていたと推定されていることである[17,18]。ここで紹介する2例は、ともに方形平面に4本の柱が立っているものであるが、それぞれちがった構造によって復原案がつくられている。

半坡遺跡の例[17]は、4本の柱に四隅から隅木をかけて四角錐形をつくっている。廟底溝遺跡の例[18]は、4本の柱を梁や桁でつなぎ、これに垂木をかけている。この住居は四周に壁を立ち上げていて、垂木は地上まで下りてはいない。このほかにも、日本では今まで想像もできなかったような構造を考えて、復原住居をつくっている。

屋根や壁を土でぬり固める方法は、今でも中国では民家に用いられている。

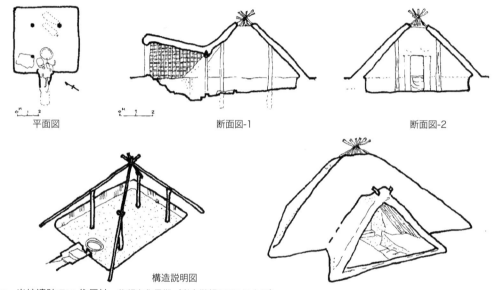

平面図　　　断面図-1　　　断面図-2

構造説明図

17　半坡遺跡 F21 住居址　仰韶文化早期（考古学報 '7501 による）

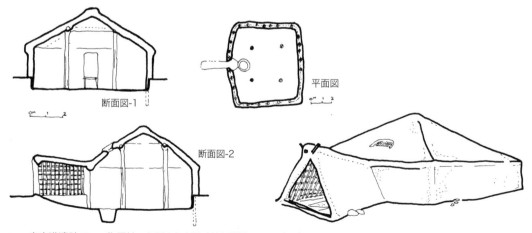

断面図-1

平面図

断面図-2

18　廟底溝遺跡 F302 住居址　仰韶文化中期（考古学報 '7501 による）

高床建物

高床建物の例

　高床の建物は、竪穴住居とちがって地面にほとんど痕跡をとどめないので、実際に建っていた場所を探しあてることはむつかしい。今までみつかっているものの多くは竪穴住居の集落に建てられていた場合であるが、最近高床住居の集落も発見されるようになった。

　高床建物の柱穴がみつかっても、柱穴だけではどのような形であったかを推定することはできない。

　弥生時代の静岡県の登呂遺跡と山木遺跡では、高床の建物を構成していた木片がみつかって、高床の建物が復原されている[1]。また福岡県湯納遺跡でも木片がみつかり高床住居が復原されている。

　土器の破片に高床の建物が描かれているものがある。いずれも奈良県の唐古遺跡のもので、1つは屋根の部分に梯子をかけ、人が登っていくところを示している[2]。もう1つには太い棟持柱があり、床と思われる線が描かれている[3]。棟持柱のある例は、香川県から出土したと伝えられる銅鐸の絵[4]にもあり、唐古のものとよく似ている。銅鐸の絵は、屋根より下に描かれた二重線のところへ梯子がかかっていて、ここが床であることがわかる。しかし、銅鐸の絵の高床建物は、屋根が垂木を描いていると考えられ、未完成の情況を示しているのではないかと思われる。

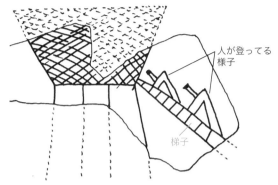

2　唐古遺跡出土の土器片に描かれた高床の建物

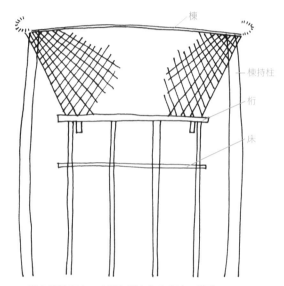

3　唐古遺跡出土の土器に描かれた高床の建物

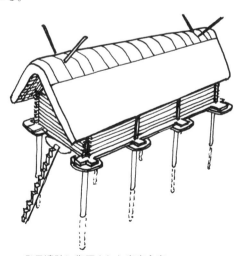

1　登呂遺跡に復原された高床倉庫

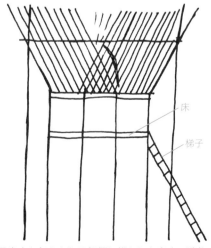

4　香川県出土と伝えられる銅鐸に描かれた高床の建物

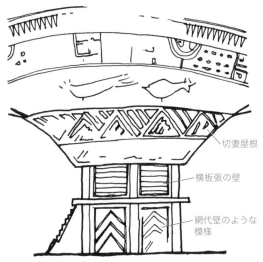

切妻屋根

横板張の壁

網代壁のような
模様

5　佐味田宝塚古墳出土の銅鏡に描かれた高床の建物

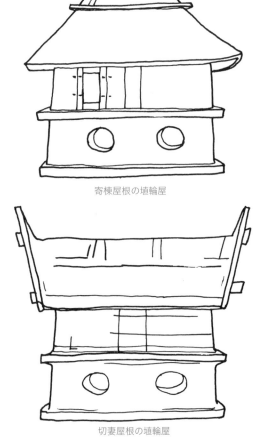

寄棟屋根の埴輪屋

切妻屋根の埴輪屋

6　今井茶臼山古墳出土の埴輪屋
共に開口部が少なく倉と考えられている。

7　石山古墳出土の埴輪屋（三重県）

　埴輪屋や銅鏡[5]に描かれた高床の建物は、さらに具体的である。一般に埴輪屋では、床と考えられる板状につくり出した部分を周囲にめぐらしているが、群馬県の今井茶臼山古墳で発見された高床の建物[6]は、床下の部分の表現を簡略化し、表・裏ともに丸い穴を2つずつあけただけで、床下の構造はわからない。

　壁の部分には、ところどころ縦の線があって、柱があったのではないかと考えられる。寄棟の屋根をかける埴輪屋[6上]には、入口の両側に方立が線で示されている。また切妻屋根の埴輪屋[6下]では、壁に横線が何本か入っていて、横板壁であったか、あるいは校倉造であったのではないかと思われるが、それ以上のことはわからない。

　三重県の石山古墳出土の埴輪屋[7]は、床上・床下ともに柱がたっている。また、兵庫県の白国人見塚出土の埴輪屋[8]は、床の上下通して柱がたち、壁の部分はほとんどない。上下ともに全く開放的な建物で、あるいは二階屋だったのではないかとも考えられる。

　奈良県の佐味田宝塚古墳から出土した家屋文鏡は、その中に2棟の高床建物を描いている。1つは切妻屋根の建物[5]で、床へ梯子がかかり、壁の部分には横線が入っているところから、横板張と考えられる。床下の柱間には山形の線がみられるが、何を意味するのであろうか。網代壁だったのかもしれない。入母屋風の屋根のもう1棟[10]も壁や床下は同じ形式である。左手に露台状のものがあり、右手に描かれた階段には手すりがある。

高床建物はいつからあるか

　土器に描かれた絵も、柱穴や木片がみつかった遺跡も、どちらも弥生時代のものである。縄文時代に高床の建物があったという報告はない。弥生時代の遺跡は、縄文時代に遺跡の少なかった日本列島の西の方から見つかるようになり、東へ及んでいく。高床の建物は、この弥生文化、すなわち稲作文化とともに日本にもたらされた建築の形式である。それ以後、古墳時代になると埴輪屋や、銅鏡の文様にあらわれるようになる。群馬県の今井茶臼山古墳出土の8個の埴輪屋のうち4個が高床の建物であり、銅鏡[5, 10]の文様でも4棟中2棟が高床の建物であったということは、高床の建物が当時かなり重要な建物であったことを示している。とくに銅鏡の文様にある高床建物のうち、入母屋風の屋根の家[10]には、衣笠が描かれていて、貴人の住居であったと推定されている。

8　白国人見塚出土の埴輪屋（兵庫県）

高床建物の用途

　住居であったと推定されている例は、銅鏡に描かれている入母屋風の屋根の家のほかには多くはない。ほかの高床建物はほとんど倉[9]と考えられている。例えば、登呂遺跡の場合には、高床の建物は数も少なく、稲穂を収めた倉だったのであろう。最も大切な収穫物を収める倉を建てる技術が、稲作農耕の方法とともに伝わった可能性は強い。

　一方、住居としては、歴史時代に入ると、高殿^{たかどの}が史料にあらわれるようになる。先に二階屋かもしれないとした白国人見塚出土の埴輪屋[8]は、高殿をかたどったものかもしれない。

9　六十谷出土の家形甑(こしき)（和歌山県）

露台か

10　佐味田宝塚古墳出土の銅鏡に描かれた高床の住居

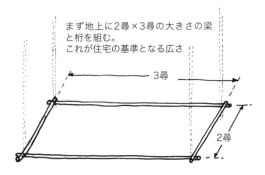

まず地上に2尋×3尋の大きさの梁と桁を組む。
これが住宅の基準となる広さ

3尋

2尋

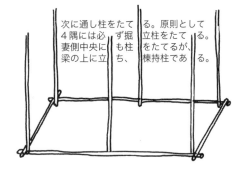

次に通し柱をたて
4隅には必
妻側中央に
梁の上に立

る。原則として
ず掘　立柱をたて
も柱　　をたてるが、
ち、　　棟持柱である。

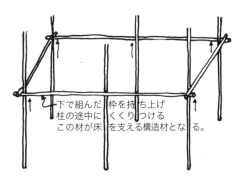

下で組んだ　枠を持ち上げ
柱の途中に　くくりつける
この材が床　を支える構造材となる。

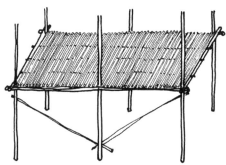

持ち上げた枠の上に竹を敷き並べて床をつくる。

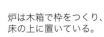

炉は木箱で枠をつくり、
床の上に置いている。

高床建物の構造

　高床と呼ばれるように、床は背の高さほどにつくる。これは、雨期の出水をさけるための対策であったと考えられる。ここに示したマレー半島のスメライの家は、東南アジアの典型的な高床住居である▷11。構造をみると、地上で組んだ四角い枠を柱の途中まで持ち上げて柱にくくりつけ、床を支える構造としている。その枠の上に竹を並べて床をつくるのだが、家全体敷きつめられた竹の簀の子状の床の上を、土足で歩くことになる。したがって、人々が座るところには敷物を敷く。主人は10枚ほど敷物を重ねるが、敷物を重ねるほどえらいのだそうである。台所は戸外につくるが、同時に屋内にも炊事用の「かまど」を置いている。

　日本の高床の場合、その構造がわかるのは、登呂および山木遺跡のように、実際に木片が残っていた場合に限られている。登呂・山木遺跡の高床の倉の場合は、掘立柱の上半部を細く四角くけずり、刀のつばのように鼠返しの楕円形の板をはめこみ、その上にさらに四角い穴をあけた梁と桁をさしこんでいる。この構造では、スメライの家のように木のつるなどでくくりつける必要がなく安定している。

　日本の場合もスメライの家でも、床の構造に特徴がある。高床を支えているのは、柱にとりつけられた梁や桁で、床を支えるための束柱を用いていない。また、建物の床全体が高床で、一部が土間となっているということはない。この特徴から、後にあらわれる板敷の床とはちがった起源をもつと考えられる。

11　原始マレー・スメライ族の高床住居

中国の高床

　高床の建物は中国にもあった。漢代に広州でつくられた明器（墓の副葬品）には、たくさんの高床の建物がみられる[12、13]。住居も多くは高床であった。住居の下を壁や格子で囲って、その中に豚を飼っていた。この形式は日本にはみられない。住居のほか倉にも高床形式のものが多いが、日本でも弥生時代の高床建物が高床の倉であることと共通している。他の地域でも、倉は動物に襲われたり、あるいは水につかったりしないように、高床にしている場合が多い。

　日本では、仏教建築が中国大陸から伝わると、校倉造の倉が寺に建てられるようになった。正倉院の宝庫や唐招提寺の宝蔵・経蔵などがその例である[14]。

校倉造の構造

　構造が比較的明らかになる登呂・山木遺跡の高床の倉は、校倉造の形式[15]に板を組合わせた板倉であった。校倉造は本来丸太を組合わせて壁体をつくり、柱をたてない[16]。北欧では、丸太を組合わせたものから、六角に製材したものへ、さらに四角く製材したものへと時代とともに変っていく。正倉院などの校倉は、六角形断面のものが形式化して外観だけ残ったものと考えられる[17]。校倉の外観と同様高床も、日本では形式だけ伝えていると考えられる。東南アジアや中国南部で、雨期の出水に対してつくられた高床の意味は失われてしまった。

12　中国漢代の高床倉庫（広州出土）

13　中国漢代の木造高床倉庫（広州出土）

14　唐招提寺の宝蔵（奈良時代）

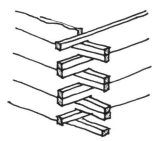

15　登呂遺跡の板倉の構造

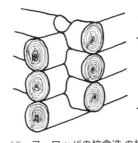

16　ヨーロッパの校倉造 の構造
日本の校倉造は六角断面のものがさらに変化し、形式だけ残ったものであろう。

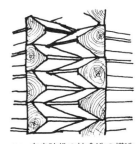

17　奈良時代の校倉造の構造

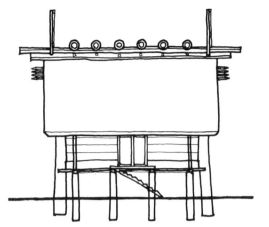

18　伊勢神宮の別宮荒祭宮正殿復原図（復原は福山敏男博士）

19　住吉大社の本殿（実際には前に拝殿がついている）

高床の神殿

　神殿建築のうちで、伊勢神宮・住吉大社・出雲大社は、最も古い形式を伝えていると考えられている。

　伊勢神宮の荒祭宮正殿▷18は板倉であったが、この形式が伊勢神宮正殿の原型ではないかと考えられる。板倉の壁・棟持柱など、弥生時代の倉とよく似ている。平側の中央に扉があり1本の木からつくりだした階段が、その前にかかっているところが登呂・山木遺跡の高床の倉とちがうが、登呂・山木遺跡では扉の断片と考えられる木片が出土しているから、やはり平側中央に扉がついていたのであろう。校倉形式では一梁間の妻側の柱間に扉をつけることは困難である。

　住吉大社と出雲大社の本殿は、どちらも妻側に入口を設けている。住吉大社▷19は長押で床を支えていて、スメライの家を思い出させる。出雲大社の本殿▷20は、はじめ棟持柱があったと考えられる。50メートルに近い高さをもつ巨大な高床の建物であった。

20　出雲大社本殿の復原図（復原は福山敏男博士）
古図や社伝によって復原された。高さ16丈（48mほど）、前の階段の長さ1町（100mほど）の巨大な神殿である。左手に参考まで標準的な人間を描いてある。

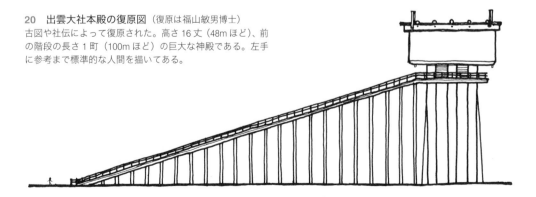

平地住居

平地住居の出現

　日本人が最初につくりだした住居の形式は竪穴住居であった。弥生時代になると、高床の建物が、稲作農耕と共に日本にもたらされた。高床の建物の中には、住居もあったが、大半は穀物を収めておく倉庫であった。住居の大半を占めていた竪穴住居は平安時代のなかばに近畿地方から消滅する。室町時代くらいになると、東北地方のほんの一部で竪穴住居に住んでいた人々があるだけで、そのほかは日本中どこを探しても、もう竪穴住居はみつからない。竪穴住居がなくなると、それにかわる住居の形式ができてきたはずである。日本列島の人口は、その後次第にふえつづけているのに、住居の数がへるというのは、どういうことなのであろうか。考古学の発掘作業では、発見できない、あるいは、発見しにくい住居の形式が生まれていたと考えるほかはない。

　高床建物の跡をみつけるには、柱穴だけがたよりであるから、みつけにくい。竪穴住居の集落にともなう高床の建物しかこれまでほとんど発見されていないということは、竪穴住居がまずみつかって、周囲を探しているうちに柱穴だけの遺構もみつかるということなのである。柱穴だけだから、その遺構はきっと高床の建物の跡だろうということになったのである。竪穴住居が次第に数がへり、みつからなくなると、今度はなかなかこれにかわる住居址が発見されなくなる。

　平城宮址も、建物として柱穴しか残さないから、石で築いた溝や、雨落の石敷などがなければみつけにくかったことであろう。平城宮址ならば、歴史的にここにあったということがわかっているし、大極殿の基壇も残っていたから、それらが手がかりになったが、柱穴しか残さない住居形式であったら、発見されることはほとんど期待できないといわなければならない。

　そのような住居形式として、平地住居 1〜3 を考えることができる。これまで平地住居の跡が発見された遺跡は極めて少ない。しかし、実際にはもっともっと多く、いたる所に平地住居があったはずである。

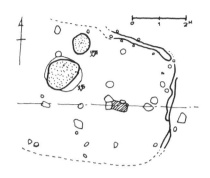

1　西志賀遺跡住居址（愛知県・弥生時代）

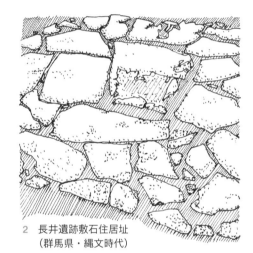

2　長井遺跡敷石住居址
　（群馬県・縄文時代）

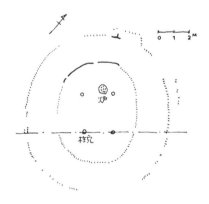

3　登呂遺跡住居址（静岡県・弥生時代）

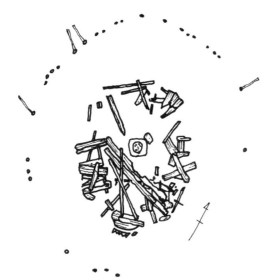

4　登呂遺跡第1号（49）住居址

5　登呂遺跡　住居模式断面

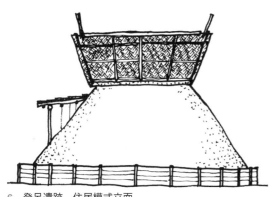

6　登呂遺跡　住居模式立面

竪穴住居から平地住居へ

　稲作は低湿な土地で行われたため、弥生時代の集落は次第に低い所につくられるようになった。奈良盆地の弥生時代の集落がつくられた場所の海面からの高さを調べると、時代が降るに従って低い所へ移っていくことがよくわかる。

　低湿な水田に近い所に竪穴住居をつくると、竪穴の深さが次第に浅くなり、また床に木の枝や板を敷くようになる。静岡県の登呂遺跡▷4〜6は弥生時代の遺跡で、水田のすぐ北に住居址が発見された。登呂の住居址では、すべて、周囲に環状に土が盛り上げてあった。調査の結果、住居の底面は掘り窪めず、まわりに板で二重に堰をつくってその中へ土を盛っていたことが明らかになった▷5。構造上は竪穴住居と全くかわらないが、掘り窪めていないから、登呂の住居は平地住居である。

　登呂の1949年に発見された第1号住居址▷4は、中にたくさんの木片があった。これらの木片で屋根を葺いていたという説もあるが、床に敷いていた板と考えた方がよい。屋根の垂木なども落ちこんでいたのであろう。

　登呂の住居址の堰板と同じような台をともなっている住居文様がある。それは先に竪穴住居のときに例にあげた佐味田宝塚古墳出土の家屋文鏡に描かれた竪穴住居とみられる図▷7と、東大寺山古墳出土の太刀の環頭飾りについている竪穴住居とみられる図▷8である。どちらも屋根を台状のものの上までで止めている。この台を登呂の堰板のようなものと考えると、この両方の例も平地住居とみた方がよい。

7　佐味田宝塚古墳出土の家屋文鏡の文様

8　東大寺山古墳出土の太刀環頭飾り（奈良県）

柱をたてた平地住居

　埴輪屋の中には一番下のところに、いかにも地表をあらわしているらしい板をつくり出しているものが多い。これらは、いずれもその板の下が上とちがって写実的につくられていないので、埴輪屋として必要だったのは、この板から上の部分だけと考えられる。佐味田宝塚古墳から出た家屋文鏡にある柱をたて入母屋の屋根をもつ住居[9]は、土壇のようなものの上に建っている。これらの埴輪屋も文様の家も共に平地住居と考えることができよう。

　ここであげた平地住居は、今までにみてきた竪穴住居とはだいぶ様子がちがっている。屋根を下まで葺きおろさず、途中でとめ柱をみせている。

　今井茶臼山古墳出土の埴輪屋[10]は全部で8棟あるが、そのうち倉と考えられる4棟以外はすべて平地住居である。平地住居の中で3棟は主屋と副屋、もう1棟は納屋であろう。これらは古墳時代のものであるが、弥生時代にすでに存在していたと思われる。この形式もほとんど柱穴しか残さないから、なかなかみつからないであろう。

　西都原古墳出土の家形埴輪[11]は、複雑な形である。いくつかの埴輪屋が複合されている。現実にこのような姿の家があったのか、あるいは想像した形なのか謎である。

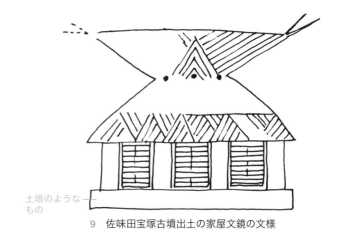

土壇のようなもの

9　佐味田宝塚古墳出土の家屋文鏡の文様

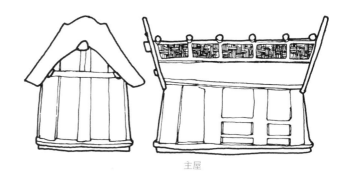

主屋

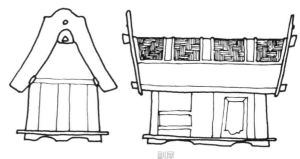

副屋

納屋

10　今井茶臼山古墳出土の埴輪屋（群馬県）

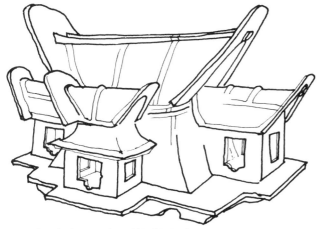

11　西都原古墳出土の家形埴輪（宮崎県）
主屋に副屋がくっついてつくられた家形埴輪

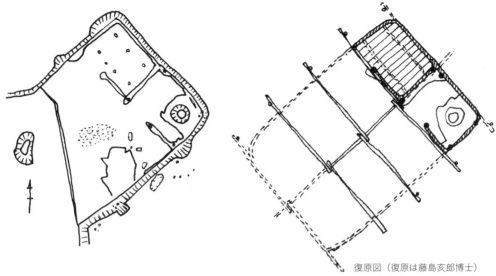

復原図（復原は藤島亥治郎博士）

12　平出遺跡第22号住居址

床の発生

　床という字は本来中国では、その上で寝たり、座ったりする台のことを意味していた。日本でもはじめは中国と同じ意味で使っていた。今我々が考える床とは、建物の中で一段高くなった板張あるいは畳を敷いた場所を指すが、そのような場所を奈良時代には板敷と呼んでいた（それ以前の呼び方はわからない）。

　竪穴住居に板張の床がみられる例が長野県の平出遺跡で発見されている▷12。竪穴住居の最も奥を土壁で囲い、その中に小さな柱穴が2列に並んでいるのが発見された。この小さな柱穴を床を支える束が立っていた跡であると判断して復原が試みられている。

　しかし、板敷の床がある部分は竪穴住居の面積の8分の1しかなく、2人が寝るのがようやくという程度の広さしかない。一体何に使ったのであろうか。

　床が張られるようになっても、はじめ、それは建物の一部にすぎなかったが、次第に建物の底面全体に広がっていく。この板張の床が、竪穴住居の土間に藁を敷くことからはじまり、次には板を敷きその上に 莚（むしろ） などを敷いたものへ発展し、遂に束で支えられた板張りとなったのか、あるいは弥生時代に稲作農耕と共に伝えられた高床の建物の高い床の影響で竪穴住居や平地住居にあらわれたのかは、説の分かれるところである。

　実際に板敷があらわれた建物をみていくと、建物全体に床が張られるとは限らず、はじめはむしろ部分的に板敷の床がつくられる例が多いことがわかる。前にとりあげたような高床の建物は、床が建物全体に張られ、床下は吹抜けであった。このような高さ

かまどには水を入れたかめを
かけ、その上に甑をかける。

把手付の鍋

把手のついた甑(こしき)

甑を上からみたところ。
下部に穴があり、ここ
から蒸気が上がり米が
むされる。

古墳時代の炊飯具「かまど」型土器は
朝鮮半島からもたらされたという。

13　弥生時代の「かまど」と調理器具

では、建物の中に床がない部分があったとすれば、その部分は全く使いものにならなかったっであろう。土間に藁を敷いたのがはじまりならば、建物の内の一部に床があってもさしつかえがない。

　日本の住宅では、町屋や農家だけでなく1軒の家の中に土間と床のある部分が共存している場合が多い。台所などは支配階層の住宅でも半分板張、半分は土間であった。日本の炊事の方法では、弥生時代にすでに「かまど」で米をむして食べていた[13]。このかまどは土間にすえられていた。台所の土間の中心にかまどが座っている光景は江戸時代になっても変らなかった。

　前にふれたマレー半島のスメライの高床住居では、炊事用の火は木箱に入れて床の上にもちこまれていた。高床の住居の多くは、雨期になると出水する地域にあったから、地上にかまどをおくことができなかった。高床の床と平地住居の床とには、このようなちがいがある。日本の住宅の床はこのようにみていくと、平地住居に発生した板敷からはじまったということがわかる。

町屋の床

　町屋が具体的にわかるようになるのは、平安時代の末からである。平安時代のさまざまな行事を描いた年中行事絵巻に京の町屋があらわれるのがはじめである。信貴山縁起絵巻にも町屋があらわれる[14]。側面からみると、中央2間の母屋の前後にそれぞれ1間の庇を加えた構造であることがわかる。もう一方の正面からみた絵には中の様子が描かれていて、これから推定すると、庇の部分と母屋の片側半分が土間であったと思われる。一段高い板張りの床は、母屋の片側半分だけであろう。この部分はおそらく寝室で、台所は現在までそうであるように、奥まで通りぬけられる土間にあったと考えられる。

14　信貴山縁起絵巻に描かれた町屋

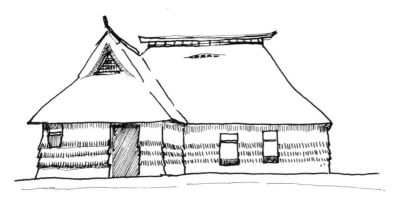

15　秋山の民家（長野県）
秋山は長野県でも奥深い地域で、古い形式の民家をよく残していた。この山田家は、今、服部緑地公園（大阪府）にある日本民家集落博物館に移築、復原されている。
外壁は茅でつくり板は用いない。中門がある形式で、中門を入ると土間へつながり、土間の奥が囲炉裏を囲んだ土座の「なかのま」である。この山田家では板敷の部分は全くなく、奥の「でい」や「へや」も土座であった。
山田家は江戸時代のなかばすぎに建てられたと考えられているが、秋山の民家の中では最も古い形式を伝えている。

農家の床

　農家の様子がわかるようになるのは、町屋よりはるかにおくれ、近世に入る頃からである。農家の発展は大変おくれているので、近世に入る頃まで竪穴住居から構造が進歩し、規模が大きくなったくらいで、内部の機能上の分化もあまりみられなかった。

　近世初期の農家には、入口を入った所の土間と、その奥の囲炉裏を囲んだ土間に莚を敷いただけの土座をもち、床の張ってある部分が奥の寝室にあてられる納戸に相当する部分だけという形式も残っている[15]。ちょうど平出の22号住居址と同じような平面である。

　囲炉裏のまわりが板敷や竹の簀の子にならず、土間に莚を敷いただけという土座の農家は、山深い所だけと限ってはいない。加賀百万石の領内でも、平野部で全く板敷部分のない農家が、第2次世界大戦前まではたしかにあった。もみを敷き、その上に莚をのべた床は、今ではもう民家園へでも行かないとみられなくなった。民家園へ移され、建ったときの姿に復原された農家をみると、古いものほど窓や出入口が小さく、また板を張った床も少なくて、埴輪屋に残る古墳時代頃の住居の姿に似ているのに気づくであろう。

　近年の農村の発展にともなって、農家に残っていた日本住宅の原型も急速に崩壊してしまった。

支配階層の住宅

寝殿造
主殿造
書院造
数寄屋風の書院

寝殿造

古墳時代から奈良時代へ

古墳時代の遺物である奈良県の佐味田宝塚古墳から出土した家屋文鏡には、当時の支配者層の住宅とみられる高床の建物が描かれている[1]。この建物の右手には階段があり、階段と反対側には柵あるいは台と思われるものがみられる（青枠部分）。この台のようなものは何であろうか。その上に衣笠が描かれているところからみると、その家に住む身分の高い人の庭における座と考えるのがよさそうである。

建物の中がどのように使われていたか想像することができる資料に、大嘗宮の正殿がある[2]。大嘗宮は天皇即位後はじめての収穫に際して行われる大嘗会のための建物で、正殿は中心となる建物である。正殿は、ほとんど竹枠に草をつけた壁で囲まれている室と前室のような開放的な堂とから成っている[3]。室の中には畳を重ね衾を置いた寝床が用意されていた。神と天皇が相対して、即位以来はじめての収穫を祝うのも、室の中に用意された神と天皇の座においてであった。

奈良時代の住宅の具体的な姿を今日まで伝えているのは、法隆寺の夢殿を中心とする東院の伝法堂である[4]。伝法堂は東院の講堂として改造されているが、聖武天皇の夫人橘古那加智が住宅の1棟を法隆寺に献納したと伝えられている。現在は桁行が柱間7つであるが、柱間5つに復原された。今瓦葺の屋根もかつては桧皮葺であったこともわかり、また妻側に広いベランダがついていたことも明らかになった。このような姿は、家屋文鏡の高床住居、大嘗宮正殿の両方に関連があるようにみえる。

1　家屋文鏡の高床住居（佐味田宝塚古墳出土）

2　大嘗宮の正殿

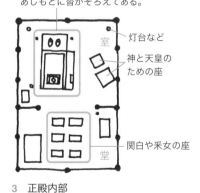

畳を重ねた神のための寝床。
その上に衾などがあり、
あしもとに沓がそろえてある。

灯台など

神と天皇の
ための座

関白や采女の座

室

堂

3　正殿内部

4　伝法堂前身建物の復原
昭和の修理に際し、浅野清博士は最初からの材を選別し、それをもとに復原図を作成された。桁行が短くなったが、梁行の構造は全く変っていない。伝法堂は、奈良時代の仏堂としては珍しく板敷の床をもっている。これは、その前身が住宅であったからで、仏堂は土足で入るのが通例である。

平面の変遷

　法隆寺の東院は、聖徳太子の斑鳩宮の跡と伝えられていた。その地域から住居址が発掘された[5]。太い丸柱を掘立てとした住居址は、重なっているものもあり、数棟みつかっている。その内の南北に長い1棟をとりあげてみると、その規模は梁間3間（1間は柱間1つのこと）、桁行8間あり、桁行の南から3間の所に間仕切があった。間仕切の南は土間、北は束で支えられた板敷であったかも知れないと報告されている。

　図6は、平城京内の左京三条二坊十五ノ坪でみつかった住居址である。法隆寺東院の例よりひとまわり小さいが、中に間仕切があるところはよく似ている。ただ両側面の梁間は2間である。奈良時代の記録や遺跡にあらわれる住宅は梁間3間から2間にうつり変っていく。この地域は川の氾濫によって地表が削られていて、板敷の部分があったかどうかはわからなくなっている。また、この平面は大嘗宮正殿の平面[2,3]とよく似ていて、同様の使い方であったのではないかと思われる。

　図7は図6と同じく平城京左京三条二坊で発見された遺構である。平面の構成は、中心部が図6と同形式で、南北にそれぞれ1間ずつ広げている。この部分を庇と名付けていて、奈良時代に次第に母屋の東西南北それぞれの面に庇が加えられるようになる。

　図8は、法隆寺東院伝法堂の前身、橘夫人が献納した住宅の復原平面である。母屋の長辺両側に庇を加えた構成は図7と同じで、妻側から2間入った所に間仕切をもつところも似ている。図7の母屋と庇の間の線は仮に入れた線であるから、あるいは図8同様庇と母屋の部分を区画せずに使っていたのかも知れない。

　図9は、平安時代の寝殿の基本となる平面を想定したもので、母屋5間のうち2間を塗籠の夜御殿としている。夜御殿は寝室で、大嘗宮の正殿と同様の使い方がみられる。母屋のあとの3間は昼御座で、御座とするため置畳が敷かれていた部分である。庇の外回りは蔀戸で、あけ放すことができた。

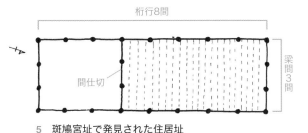

5　斑鳩宮址で発見された住居址

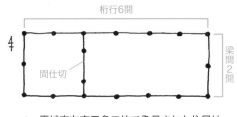

6　平城京左京三条二坊で発見された住居址

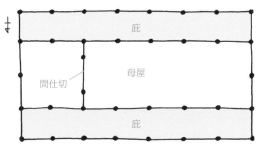

7　平城京左京三条二坊で発見された住居址

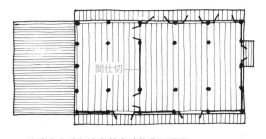

8　法隆寺東院伝法堂前身建物復原平面

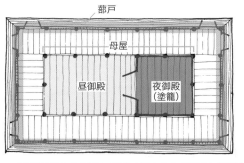

9　平安時代の小規模な寝殿の基本となる平面（想定）

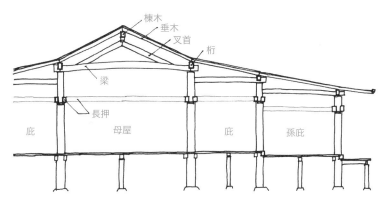

10 寝殿の構造（梁行方向の断面）

11 大山祇神社の板葺

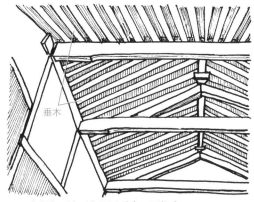

12 京都御所皇后御殿飛香舎の屋根裏

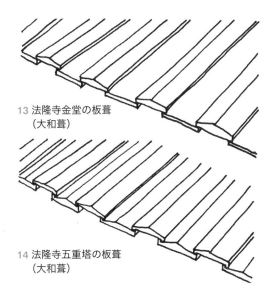

13 法隆寺金堂の板葺
（大和葺）

14 法隆寺五重塔の板葺
（大和葺）

建物の構造

　母屋のまわりに庇を加え、さらに必要になると孫庇をつけ加えて平面を拡張するようになる。その様子は図10の通りで、母屋には梁をかけ渡し、その上に叉首で、三角の構造をつくり棟木を支えていた。庇や孫庇はつなぎの梁をかけている。屋根の垂木は桁の上でつなぐ場合と、庇の垂木を母屋の軒の下に別にかける場合とがあった。奈良時代の板葺には厚い長板を用いるものがみられ、その場合には垂木はない▷11。また規模が小さい場合には、庇や孫庇につなぎの梁を使わない場合もあった。その場合は桁の上に直接のせた厚板がつなぎの役割を果たしている。

　奈良時代には、板葺の家が多く、中心になる1棟だけを桧皮葺とした例が記録の中にみうけられる。板葺は棟から軒まで通して1枚の厚板で葺いていた。平安時代になると主要な建物は桧皮葺になる。

　室内は天井をはらず、屋根裏をそのままあらわしていた▷12。従って板葺の板や、垂木の並ぶさまが室内にあらわれていた。当時垂木は今よりはるかに太く、間隔も垂木の幅と同じか少し広い程度であったから、力強くがっしりとしていたと思われる。そのような例は、奈良時代に建てられた新薬師寺の本堂や江戸時代に復原された京都御所の飛香舎▷12など数棟の建物にみられる。

　1枚の厚板で葺き下した例▷13、14は、法隆寺の金堂や五重塔の裳階にみられる。金堂の例は板を重ねただけであるが、五重塔の場合には水がもらないように工夫している。後には板を並べ継目を覆うようになった。

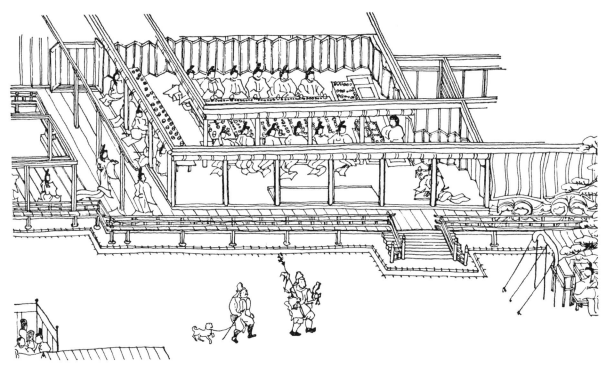

15　年中行事絵巻にみられる大臣大饗の様子　建物は東三条殿の寝殿

寝殿の生活

　平安時代になると、上層階級の住宅の主となる建物を寝殿〈15〉・対屋と呼んでいた。これらは基本的には同じ平面で、中心となる1棟を寝殿、寝殿の東西両側あるいは背面に建てられたものを対屋と呼んでいた。

　寝殿も対屋も内部は板敷であった。従って、そこで生活するためには、座る所に敷物を敷くのが常であった。日常生活の座として用いられたのは畳〈16〉と茵〈17〉で、畳を2枚並べその中央に茵を重ねていた。このまわりに身のまわりの品々を納めるために二階厨子〈18〉あるいは二階棚〈19〉を置いていた。二階厨子は下段に扉のある棚で、上段には櫛筥一双、

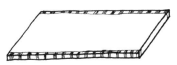

16　繧繝(うんげん)縁の畳

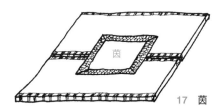

17　茵

下段には香壺筥一双を置き、二階棚には、上段に火取と泔坏、下段に唾壺と打乱筥を置くのを常としていた。

　任大臣などの宴が行われるときには、母屋や庇に畳を並べて宴席をつくったが、身分によって畳の上に茵などを重ねた。また、座具の1つとして円座〈20〉も用いられている。

　このような座る形式のほかに、腰掛ける形式もみられ、倚子〈21〉や草墩が用いられた。この腰掛ける形式は儀式の場合などで、絵巻物の日常生活を描い

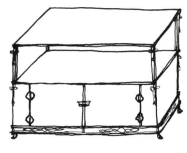

18　二階厨子
上に櫛筥（くしげばこ）一双を置く。下に香壺一双を置く。

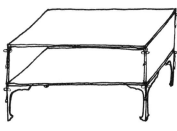

19　二階棚
上に火取（香をたく炉）と泔坏（櫛けずるとき使う米をといだ水を入れる）、下に打乱筥と唾壺（だこ）を置く。

32

た部分にはみられない。屋外の場合には敷物を敷き、その上に履物をぬいで座っている場合と、腰掛けている場合とがある。

　机となったのは台盤[22]である。現在でも御帳[23]・置畳・倚子・台盤などを使った平安時代の生活の様子は、京都御所の清涼殿内によく残されている。これらは伝統として伝えられてきたものに、江戸時代の後期、寛政の造営にあたって平安時代の古制に復原されたものが加えられていて、平安時代の生活をしのぶ貴重な史料となっている。

　寝殿の中で寝室となったのは塗籠[9]である。塗籠の中も板敷であったから、その中に寝るための台を置いていた。御帳と呼ばれた寝るための台は、まず浜床と呼ばれる低い台を置き、その上に畳を2枚並べて敷き、浜床の上にまわりをおおうためにフレームを組み、上には明障子をのせ、周囲には帷と呼ぶ布をたらした。中には三方に几帳をたて、畳の上に表筵を敷き、その上に竜鬢の地敷[24]を重ね、枕などを置いていた。フレームの柱には水気を避けるため、あるいは魔除けのために犀の角や鏡をかけていた。御帳のつくりも身分によって相違があり、一般には浜床を用いず板敷の上に直接このような帳をしつらえていた。

　塗籠の中は風通しが悪く、夏になると帳を母屋に出して寝たという記録がみられる。また、平安時代の後半の記録をみると、北の庇に帳や置畳がみられる。平安時代の後半には、しばしば儀式や行事が寝殿の母屋や南庇で、行なわれたために、日常生活の場が儀式・行事に使われない北庇に移っていったと考えられている。北庇の置畳は、そのような理由だけでなく、あるいは北の方と呼ばれた女性の日常生活の場だったのかも知れない。

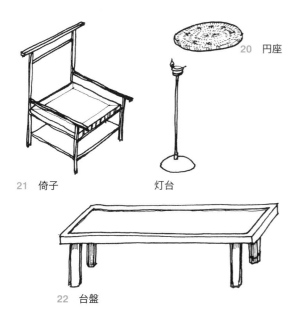

20　円座

21　倚子　　　　灯台

22　台盤

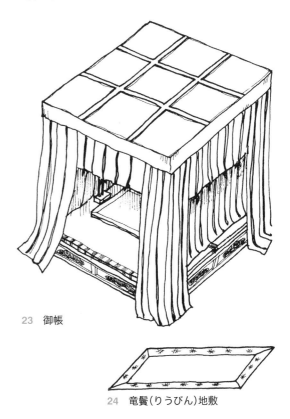

23　御帳

24　竜鬢(りうびん)地敷

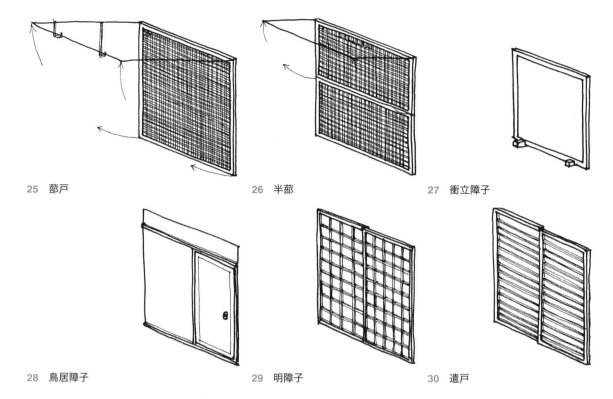

25 蔀戸　　　　　　　26 半蔀　　　　　　　27 衝立障子

28 鳥居障子　　　　　　29 明障子　　　　　　30 遣戸

寝殿の建具

　奈良時代の住宅建築の唯一の遺構である伝法堂に用いられている建具は、外開きの板扉である。この板扉は、寝殿の場合にも通路にあたる柱間に用いられていた。例えば東西の対屋に渡る廊のある妻側の南北両端の柱間や、北にむかう通路にあたる部分などに妻戸あるいは唐戸と呼ばれる板扉がみられる。この場合も伝法堂と同じく外開きで観音開きであった。

　寝殿の外周部に多く用いられていたのは蔀戸[▷25]である。蔀は細かく格子を組み、裏に板をはった板戸で、長押に打った金具によって、外あるいは内に押し上げて開き、上から下っている金具に引っかけて止めていた。柱間に1枚の蔀戸を入れた場合には蔀戸が大きくなり、重かったと思われる。その後、蔀戸を上下2枚とし、上だけを押しあける半蔀[▷26]がみられるようになる。半蔀の場合には、下まであけ放したいときには、下半分の蔀をとりはずした。

　屋内で、区画を設けたいときには、屏風や几帳そして障子などを用いた。几帳は、台の上に2本の柱をたてその上に横木を設けたT字形をした木に布をかけたもので、障子は、通常格子に組んだ枠の両面に布あるいは紙を貼り、脚をつけた衝立であった[▷27]。このようなものが、いつから今我々が使っているような障子に変ったのであろうか。衝立型だけでなく、同じようなつくりで柱間にはめこんだパネルも、障子と呼んでいた。今も見られる例は、京都御所紫宸殿の賢聖の障子である。その一部には通りぬけるために、蝶番がついた開き戸が設けられている。このような形式の戸が、平安時代の前期に引戸に変ったらしい。具体的な証拠はないが、戸の開き方を記録の中でみていくとそう考えられる。それが鳥居障子[▷28]である。鳥居障子は、平安時代の末には広く用いられるようになっていたらしい。また、さらに変化して、引違いのものも生まれて来た。しかし、当時の障子は、今の障子とちがって両面布か紙を貼ったもので、今の襖に相当する。細かくわければ、布を貼って絵を描いたものが襖障子、紙を貼ったものが唐紙障子である。今使っている格子の片面に薄い紙を貼り光を通す障子は、古くは明障子[▷29]と呼んでいた。明障子が巻物の絵などで確認できるのは、平安時代の後半である。そのほか、遣戸[▷30]あるいは舞良戸と呼ばれる引違いの横桟のある板戸も用いられている。

　引戸は日本の住宅に急速にひろまっていく。

寝殿造の原型

　平安時代の貴族住宅は寝殿造と呼ばれている。中心に南面した寝殿を置き、東・西や北に対屋を配した左右対称の形式をもった住宅と考えられているが、左右対称の配置をもった理想形、あるいは標準とする形式は、平安時代の後半の貴族たちの頭の中にあっただけである。これまで、発掘された寝殿造の遺跡の中で、平安時代前半につくられたと考えられるものには左右対称ではなかったかと見られるものもみつかっている。しかし、そのような例も遺跡全域の発掘が終っていないので、全体の配置は明らかでない。

　平安時代の初期や、さらにさかのぼって奈良時代の例を探し求めても、具体的に住宅全体の様子がわかるようなものは発見されていない。平城京のあちこちで行われている発掘の結果をみても、なかなか住宅の全貌はわからない。しかし、正倉院などに残されている奈良時代の文書に記されている住宅では、桧皮葺の板敷屋1棟と板葺屋2棟、それに台所や倉という構成がみられ、桧皮葺の板敷屋を中心に、2棟の板葺屋がこれに配されていたのではないかと考えられる。

　正殿を中心として左右対称な配置をみせるのは、平城宮内で発掘された内裏である▷31。平城宮址で発掘された内裏は、回廊で囲まれた一画にあり、南に閤門を開き、北の中央に東西に長い正殿を配し、東西に4棟の建物が正殿前庭を囲むように並んでいた。

　これにつづく平安京の内裏も同様の配置をとっている▷32。中心となる紫宸殿の前庭は、平城宮の内裏と同様に東西4棟（宜陽殿・春興殿・校書殿・安福殿）の建物で囲まれ、南に承明門を開いている。平安時代の内裏では、紫宸殿の後方に多くの建物がみられ、中心線上の建物は紫宸殿と同様に棟を東西に通しているが、その両側には南北に棟を通した建物が並んでいる。

　平安時代初期の離宮神泉苑▷33も、寝殿造の原型を示す例である。神泉苑は、桓武天皇が平安遷都に際して中国の例にならって造営した禁苑で、中央の乾臨閣および左閣・右閣の主要な建物と回廊および東西の両釣台で前庭を囲み、その南には中島のある広大な池を配していた（左右の両閣が南北方向の棟をもっていたであろうとの説もある）。池の中島には反り橋がかかっていたであろうと推定されていて、平安時代の後半の貴族たちが理想としていた住宅の姿は、このようなものであったのではないかと思われる。

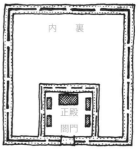

31　平安時代の内裏（発掘による復原）

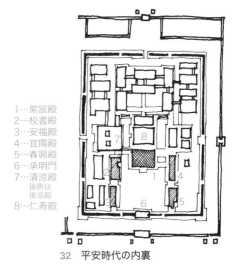

1…紫宸殿
2…校書殿
3…安福殿
4…宜陽殿
5…春興殿
6…承明門
7…清涼殿
　後側は
　後涼殿
8…仁寿殿

32　平安時代の内裏

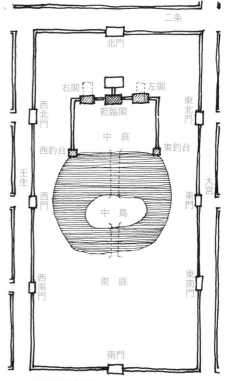

33　平安京の神泉苑

法住寺殿

　応保3年（1163）正月に、白河法皇の御所であった法住寺殿に天皇が行幸になった。天皇が父にあたる法皇の御所に参向して、饗宴を行なう儀式を朝覲行幸（ちょうきん）というが、このときの朝覲行幸の情景がくわしく年中行事絵巻に描かれている▷34。

　行幸に際して、天皇は鳳輿にのり西側の門からこの法住寺殿▷35 に入った。西門に相対する西中門をくぐった天皇の鳳輿は、さらにそのまま進んで寝殿の正面に至り、輿のまま寝殿の南階から寝殿の中に入った。寝殿の南側には「南庭」（なんてい）と呼ばれた平庭が

あり、さらに南には、中島のある池がひろがっていた。南庭から中島には朱塗の欄干のある反り橋がかかっていた▷35。

　中央の寝殿は間口が9間あったから、中心になる母屋は7間に2間の規模である。寝殿の西には棟を南北にむけた西の対（たい）があった。西の対の平面は寝殿とほとんどちがわず、5間に2間の母屋の周囲に庇をめぐらした形式であった。南庭の西側は西の対から南にのびる廊で区画されていた。その途中に西門に相対する西の中門があったので、この廊を中門廊と呼んでいる。中門廊の先端は、池にのぞむ釣殿であった。東側にも中門廊があり、その先にも釣殿があったが、東の対はなく、中門廊より東に東小寝殿が建っていた。そのほか北部には北の対をはじめとして、幾棟かの建物が建っていたことがわかっているが、くわしいことはわからない。

寝殿造の復原

　寝殿造の住宅で、全体の平面図が伝わっているものはない。儀式などの記録がつくられ、その様子が図で示されている場合や、日記の中にちょっとした図ででき事が記される場合、そして絵巻物に描かれている場合などがあり、それらの図や絵を総合して江戸時代の学者裏松固禅の「院宮及私邸図」をはじめ多くの復原図がつくられている▷36、37。

　法住寺殿のほかにも、藤原氏の邸宅として名の知られた東三条殿など、いくつかの邸宅の復原が試みられている。

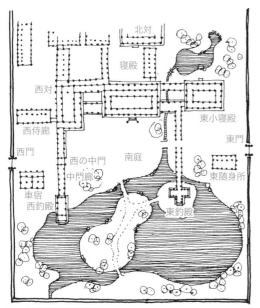

35　法住寺殿配置図

34 年中行事絵巻に描かれた法住寺殿

これらの復原図は、いずれも邸宅の南半部に限られている。それは、史料からくる制約で、先にのべたような主として儀式や行事の記録にあらわれた指図をもとにしているためである。それらの指図には、儀式や行事の場にあてられる表向の部分しか描かれていない。

また、それらの図や記録が示しているのは、邸宅の儀式や行事のときの使い方で、当時の人々の日常生活の状態を知ることはむつかしい。

寝殿造と家族構成

平安時代の末まで、家などの財産は女子が相続していた。政治的に脚光をあびたのは男子であるが、女子も決して影にかくれた存在ではなかった。絵巻物などに描かれた儀式や行事の場面に、必ず女子の姿が見られる。東三条殿における大臣大饗の場面 p.32 図15 でも、寝殿の右方の御簾の中に女性の姿がうかがえる。御簾の下から十二単のすそがみえている 34、15 が、その数は少なくない。このことは法住寺殿の朝覲行幸の場合でも同じである。また、儀式的なときでなく、遊びになると、手で御簾をちょっとあけたり、寝殿から対への渡廊の上で桧扇で顔をかくした女性の姿がみられるようになる。

平常、その家の主人である女性は、寝殿に住んでいたらしい。男性も婿取られた場合、寝殿に一緒に住んでいた。当時、上層階級の夫人を北の方（きたのかた）と呼んでいたが、これは男を陽とし南にたとえ、女を陰として北になぞらえたところからきている。日記や物語の中にあらわれる夫人のほとんどは寝殿に住んでいて、北の対に住んでいた例はまずみつからない。

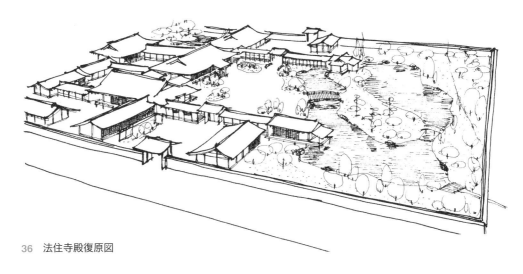

36 法住寺殿復原図

また、住宅の構成からみると、もし北の方が北の対に住んでいたとすれば、どの家にも寝殿に次いで北の対があったはずであるが、北の対のない家はしばしばみられる。北の対に住んでいたので北の方という説はごく近年の説である。

対は寝殿の東・西、北そして東北などにつくられた。その数はとくに限定されることはなく、平安時代の後半になると、大邸宅でも対称形を理想としながら、東あるいは西の一方の対を欠いている例が多くみられる。対は娘のための建物で、成人に達した娘に与えられたようである。対の使い方を物語の中から拾うと、蜻蛉日記や落窪物語・とはずがたりの

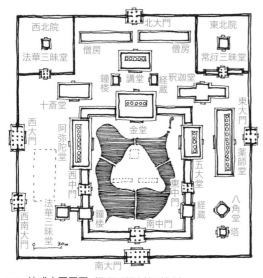

37 法成寺配置図（復原は福山敏男博士）

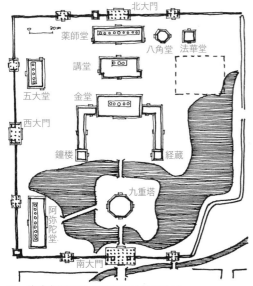

38 法勝寺配置図（復原は福山敏男博士）

場合が目につく。

蜻蛉日記の筆者は、その中で同じ屋敷の中に住む姉と、そこに通ってきていた男の様子について描写している。この家は筆者の父母のもので、父は正四位下陸奥守藤原倫寧であった。その娘の所へ通って来ていたのは藤原兼家で、兼家がその娘のもとへ通いはじめたころ、父の倫寧はこの家に住んでいたが、まもなく陸奥守として任地におもむき、母と娘2人の女3人家族となった。そして、その2人の娘の所へそれぞれ通って来る男があったわけである。一方、落窪物語では、寝殿に父忠頼と北の方が住み、西の対に長女とその婿、東の対に二女とその婿が住んでいた。

浄土教の寺院

平安時代には、奈良時代にすでにみられた浄土思想がひろまり、1052年に末法の世に入るという末法思想を背景に、現世において阿弥陀仏を念ずることによって、来世における極楽往生を期待する浄土教が勢を得ていった。浄土教はひろく一般庶民階層にも浸透していったが、貴族階級では11世紀から、阿弥陀堂を建て阿弥陀仏を拝するようになる。

藤原道長が治安2年（1022）に建立した法成寺にみられる阿弥陀堂がそのはじめといわれるが、法成寺は道長の邸宅である京極殿の東に接し、方2丁の広さの寺地に、金堂・阿弥陀堂・五大堂・三昧堂・十斎堂・西北院など、数多くの堂舎が建ち並んでいた[37]。その様子は栄花物語に記されているが、あたかも浄土をまのあたりにみるようであったとのことである。法成寺の金堂やその前庭の様子は、曼荼羅に描かれた極楽浄土に倣ったものであるが、宮殿や寝殿造の住宅と建物の配置や池庭の様子など共通するところが多い。

寝殿造の邸宅における南部の池庭は、中島をもち中島に反り橋をかけるなど、その様子が極めてよく似ているばかりでなく、金堂から東西にのび、南に折れまがって池に達する廊は、中門廊と同様であり、その先端に法勝寺では鐘楼と経蔵が配されていた[38]。

藤原頼通が宇治の別業を寺として平等院を開いたように、とくに住宅と関連の深い浄土教の寺院もみられる。これらのほか浄土教寺院は、平泉など地方にもつくられている。

寝殿造の池庭

　上層階級の寝殿造の住宅には、敷地の南部に池庭のみられるものが多い。池庭は南だけとは限らず、藤原実資の小野宮のように東西両側にも池のあるもの、寝殿の後ろにも池のある藤原頼通の高陽院のような場合もあった。

　寝殿造の池への水筋は、絵巻ほかの史料から、東北部から流れ込み、西南隅あたりで流れ出る例が多く認められる。これは平安京の地形に関連すると考えられる。

　平安京では、主として左京に住宅がつくられ、低湿地の多かった右京はあまり発展しなかった。左京内は、現在の京都の地形がそうであるように、北にいくに従って高くなり、東も西側にくらべて高いのが実状である。そして、近年開発が進むまでは、京内の多くの庭園で泉が涌いていた。先にあげた神泉苑の池庭も、敷地内の涌水によっている。平安京が計画された頃には、宅地の内に泉が涌いているものが多かった。それが、泉殿となった。この自然の涌水は敷地内で水溜をつくったことは想像にかたくない。この水溜を人工的に修景し池庭ができたと思われる。池を掘ると土を処理するために中島や築山ができた。寝殿造の池庭は、平安京の地形にもとづき、敷地内の南部に設けられるのが自然のなりゆきであったと考えられる。

　平安時代には、美しい住宅をあげるときに、泉や井戸・遣水の清らかなことが重要な要素となった。井戸の名所をあげ、また泉の周囲には石組をした。

それらをめぐり歩くことも平安京では貴族階級の間で流行っていた。

寝殿造の南門

　先にあげた法住寺殿では、池庭の南にあたる南の築地に南門はみられない。東三条殿にも南門はなく、南に池庭のある住宅では南門はつくられなかったらしい。はじめにあげた寝殿造の原型と考えられる例には南門があった。また、寝殿造の住宅とよく似た配置をもつ浄土教の寺院にも南門があった。

　今明らかになる寝殿造は平安時代のなかば以降の大規模なものであるが、これらはみな南門はなかったと考えられている。

　一方、平安時代末から鎌倉時代のはじめにつくられた、規模の小さな寝殿造の住宅には南門がある。出家して西行と名乗った北面の武士佐藤憲清の住宅▷39 は、西行物語絵巻のはじめの部分に描かれているが、この家には南門があった。この家の方位は、記されていないので確かなことは言えないが、憲清が帰宅した場面をみると、右手に描かれた門の内側に数人の供が座っている。庭内には老木があり、その後ろに馬がみえるのは憲清が帰宅したことを示しているのであろう。左方をみると、この家の中心になる寝殿と考えられる建物の縁先から昇り、蔀戸の上がった柱間から屋内に入ろうとする憲清の姿が描かれている。

　この寝殿には、短い中門廊があった。寝殿に向って右手に3間の板敷の部分があるが、むこうの壁面に扉が描かれていて、中門廊であることがわかる。

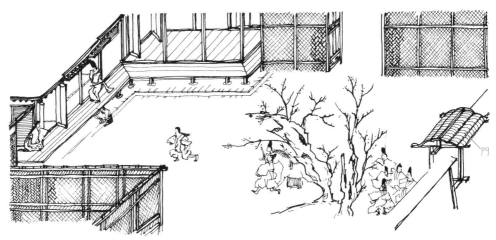

39　西行物語絵巻に描かれた佐藤憲清の住宅

明月記の記事から復原された藤原定家の住宅[40]も、憲清の住宅と同じようなものであった。中央の寝殿には3間の中門廊が付属していた。この敷地は西側が道路に面していたが、南側に路地を設け、路地に面した築地に南門を開いている。

同様の例は、法然上人絵巻に描かれた美作国の押領使漆間時国の住宅p.42 図2にもみられる。この場合も寝殿に相対し、南にあたる垣に門を開いていた。

この平安時代の末から鎌倉時代のはじめにかけての規模の小さな寝殿造の住宅には、いずれも南門がつくられ、南門から出入りしていた。これは、はじめにあげた内裏にみられる形式と同様で、内裏では南門にあたる建礼門から出入りすることができたのは天皇であった。この両者を関連づけて考えると、平安時代中期以降の大規模な寝殿造で南門がみられないのは、池庭の景観を大切にしたからと考えられる。中島に反り橋をかけ、舟をうかべて遊ぶ庭に南北一直線に通路をつけることは好ましいことではなかったのであろう。東あるいは西の門が表門として使われるようになる。

大路・小路と寝殿造の住宅[41]

寝殿造の住宅は、普通40丈（約120メートル）四方の1町の敷地に建っていた。もっとも、神泉苑のような大規模な離宮の敷地は東西2町（長さの単位でもある。約40丈をいう）・南北4町あった。また法住寺殿や東三条殿など大きな邸宅は南北に長い2町を敷地としていたが、小さいものでは1町の4分の1、あるいはそれ以下のこともあった。

平安京ではこの宅地の外に道路がとられたが、平城京では、とくに広い朱雀大路や二条大路は宅地を削って拡幅されたので、このような大路に面する宅地は標準より狭くなっている。

平安京内で最も広い大路は朱雀大路で、その幅は28丈あった[41]。メートルに直すと85メートルほどになる。道路の両側には垣があり水路もあったので、実際に通行できる所は70メートルほどであったと考えられる。

大路に面する築地の高さは、平安京で13尺（4メートル弱）、平城京で11尺（3.3メートル）あったから、道路からは住宅の屋根や木立がわずかにみえる程度であった。

道路の幅は、普通の大路の場合8丈（24メートルほど）、小路で4丈（12メートルほど）であるから、今の都会の道路から考えるとかなり広い。この道を牛にひかれた車にゆられ、あるいは輿にのって往き来していた。

平城京には多くの寺院が建てられ、低平な住宅の屋根がつづく中に金堂の屋根や五重塔が聳えていた。

一方、平安京では当初寺院は南端の東寺と西寺だけで、北端の大極殿の大屋根と共に朱雀大路の両端の景観を構成していたと思われる。

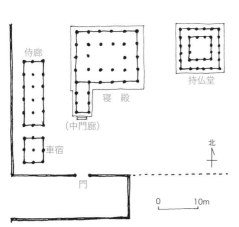

40　藤原定家の住宅（復原は太田静六博士）

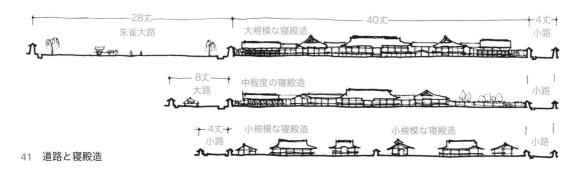

41　道路と寝殿造

主殿造

大井太郎のすまい

　一遍上人の一代を描いた絵伝をひもといていくと、信州佐久郡の武士の家として、大井太郎のすまいが出てくる⊡1。門や塀はなく、小川にかかった小さな橋を渡ると、中門廊の側面にむかうことになる。中門廊の中央2間は建具が描かれていないが、左手は入口の扉、右手にはのぞき窓の役をする横の連子がみえる。前の縁板はやぶれ、根太がみえている。縁板と思われる板がおちている。板扉の前の縁先に段板があって、この板扉が入口であることを示している。中門廊のつき方から、この主殿の正面はむこう側であろう。

　主殿の手前、本当は主殿のうら側にあたる所に茅葺の一屋がある。この建物がどのような性格なのか、絵だけではわからないが、草葺の庇を支えている軒先の柱は竹であろう。この柱は周囲の落縁の外にたっていて、土庇になっている。

　画面で主殿の左手、渡廊らしい屋根でつながれた板葺の建物は、屋根に煙出しがあり、台所である。草葺の建物と台所の間にも、土壁に小さな窓のある板葺の建物が描かれているが、用途はわからない。

　武士の家は、平安時代の公家の住宅とちがって、板葺が多い。この板葺は、奈良時代にみられた板葺とちがい、棟から軒先まで、1枚の板で葺きおろしていない。幅もせまく、厚さもそれほど厚くない。割板を並べ、反りのある屋根面にあわせて、主殿では3段に葺き重ねている。この葺き板をおさえるために水平に角材をおき、その角材の上に角材や、自然のままの丸太をのせておさえとしている。このような長板葺は、田舎に限らず京においても武士の住宅や町屋には多かった。

　短い中門廊を付属した主殿の形式は、古代の末に公家の簡略化された寝殿のつくりとしてすでにみられた。先に例としてあげた藤原定家の住宅や、絵巻に描かれていた西行（佐藤憲清）の出家前のすまいはこの形式であった⊡p.39 図39。

　中世の武士の住宅は、武士の多くが公家の出身であったことを反映して、古代末の公家の住宅を基礎としてでき上がった。武士の棟梁である将軍の住宅は上層の寝殿造を踏襲し、一般の武士は、中・下層の公家住宅をその源としている。

　台所　　主殿　　中門廊　　茅葺

1　信州佐久郡の武士大井太郎の住宅（一遍聖絵より）

寝殿造から主殿造へ

　平安時代の末になると、寝殿造の住宅にさまざまな変化がおこる。配置が左右対称でなくなるだけでなく、対屋に代って小寝殿と呼ばれる建物があらわれる。また、寝殿そのものも北庇に北孫庇が加わり、北部が複雑に発展する▷ 3、4、5。

　住宅の構成・配置からみると、対屋に代って小寝殿があらわれたことは、中世の住宅様式である主殿造への移り変りを意味している。この変化は、平安時代の末近くからおこってきた結婚形態の変化や家や土地などの相続形式の変化が背後にあると考えられる。寝殿造の住宅は夫婦のための寝殿と娘のための対屋から成っていた。娘の所へ男が通い、移り住む招婿婚の形式がこのような住宅の構成を生んだの

であるが、平安時代の末になると、新しく生まれる夫婦のために男の家で、住宅を用意したり、敷地の中に新しい建物を建てて嫁を迎えるようになる。また、家や土地などの相続についても、平安時代の末近くなると、それまで母から娘へとゆずり渡されていたものが、息子が相続する例がみられるようになる。はじめのうちは長男が相続する形ではなく、上から少しずつ財産を分けてもらって独立し、最後の男の子が残った大部分の財産を受取る例もみられる。また、何人かいる男の子の中で、最も将来性のある者に財産を集中し、ほかの兄弟はその者の世話になるという形もみられる。このような過程を経て次第に長男が財産を相続し、嫁を迎える形が上層階級、とくに武家には定着していった。このような変化と時期を同じくして小寝殿があらわれている▷ p.32 図 15。

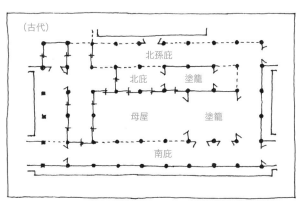

3　東三条殿寝殿（平安時代末）

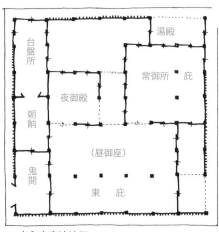

4　応永内裏清涼殿　1402

2 美作国の押領使漆間時国の住宅
（法然上人絵伝より）
漆間時国は法然上人の父にあたる。
中央はこの住宅の主殿、左方は厩、右
方は厨（台所）。

　小寝殿は、その名から寝殿と同様の性格をもち、対屋とは異なった存在であったと考えられる。小寝殿はまた小御所と呼ばれることもあった。次第に小御所の名が定着し小寝殿の名がみられなくなるから、過渡的な段階を小寝殿は示していると考えられる。小寝殿に誰が住んでいたか、あるいは小寝殿が住宅の中でどのような性格の建物であったかがわかるような具体的な例はみつからない。一方、小御所は中世を通じて将軍家や内裏などにみられるので、その性格を知ることができる。

　吾妻鏡は鎌倉幕府の記録であるが、この中に世子であった一幡の館を小御所と号したとの注記が認められる。また、内裏にも小御所が建てられている。記録を探っていくと、小御所を春宮御所と呼んでいる場合がしばしば出てくる。春宮御所は皇太子の御所であるから、皇位の継承がきまった皇子のために、ほかの皇子とちがって内裏の中に特別の御殿が用意されたわけである。ただ、多くの記録にあらわれる内裏の小御所は、仏事の場合にその道場になっていたり、あるいは楽や歌などの御会の席となっている場合が多い。日記などに記録されているのは日常的なことではなく、特別な用例を示しているのであるから、それらの用例から小御所の性格を定めるわけにはいかない。

　中世に入ると、住宅を構成している多くの建物の中から対屋が消えていき、代って小御所があらわれ、室町時代には上層階級の住宅では、会所や常御所が独立した建物としてみられるようになる。

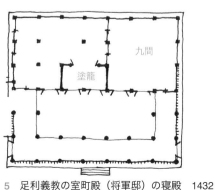

5　足利義教の室町殿（将軍邸）の寝殿　1432

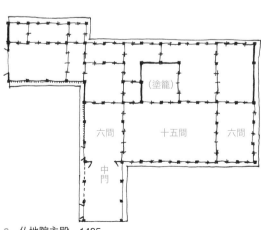

6　仏地院主殿　1485

平面の変遷

　平安時代の末には、寝殿の平面は北に孫庇を加えて拡大していた。儀式や伝統となった年中行事が行われる母屋と南庇に対して、日常生活の場であった北庇と北の孫庇は、ほとんど対等の広さをもつようになっていた ▷ p.42 図3、4。儀式や行事の場は、それらが伝統として定着していたために、平面も母屋と庇から構成されたままの形式が受けつがれていった。中世に入って、公家の住宅はもちろん、武士の棟梁である将軍の住宅の中心となる寝殿においても、この形式は強く保たれている。足利義教の将軍邸の寝殿 ▷ p.43 図5 は室町時代の例であるが、その傾向が明瞭に残っている。

　これに対し、将軍邸寝殿北半部では新しい傾向が明らかに認められる ▷ p.43 図5。母屋の周囲をめぐっていた外周の柱は、九間の部分で消滅している。北半部ではどこまでが庇で、どこが孫庇なのか、境界がはっきりしない。そればかりか、南半部が丸柱であるのに対して、北半部は角柱である。周囲の建具も、北半部はわからないところも多いが、南半部とはちがう。引違いの建具がほとんどである。

　北半部は、生活の場でとくに人目にふれることはなく、時代に即応して生活の形態が変っていくと、それにともなって平面も旧来の形式にとらわれることなく変っていった。わざわざ手間のかかる丸柱を使うのをやめ、角材が使われた。角材は引違いの建具にはおさまりがよく好都合であった。このような変化は、実際にはもっと早くからおこった。内裏の清涼殿 ▷ p.42 図4 にも中世に入るとその傾向があらわれる。

　伝統を重んじる公家と、公家から儀式を受けつい

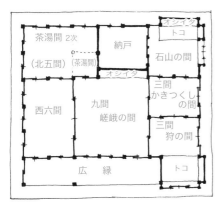

7　東山殿（足利義政の別邸）の会所 1487（宮上茂隆氏による）

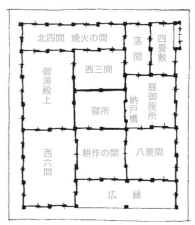

8　東山殿の常御所（主殿とよばれた）（宮上茂隆氏による）

9 男衾三郎の館（鎌倉時代）
（男衾三郎絵詞より）

だ将軍を除くと、とくに武士の場合には南半部で行う儀式に変って、接客の儀礼が生まれた。

武士の間では、将軍が武将の住宅を訪れ、武将たちも配下の武士の住宅へ足を運んだから、それらの目上の人々を迎える儀礼が生まれ、そのための場が用意された。用途を失っていた寝殿の南半部がそのために使われるようになった。伝統的な儀式・行事の場を失い、伝統的平面の構成をもたなくなった建物を寝殿とは呼ばなくなり、代って主殿と呼びならわされるようになった。仏地院主殿の平面 p.43 図6 はその例である。

中世の接客儀礼では、客は南半部の中央、奥まった部分に庭の方をむいて座った。南半部の中央から出入りしなくなっても、南半部の中央に南をむいて座る形式は、平安時代の寝殿の用例の名残である。

主殿の平面

主殿平面の特徴は、南半部を接客の場にあて、北半部を日常のすまいにしているところにある。そして、この主体となる部分に、出入口の機能をもつ中門（中門廊の名残であるが、短くなり渡廊の役割を失ったので、中世になると中門と呼ばれるようになった）が付属している 9。母屋と庇からなる構造上の制約がなくなり、必要に応じて間仕切が設けられた。

建具もほとんど蔀戸や板扉が消え、引違いの遣戸・襖障子が使われるようになった。部屋の飾として押板・棚・書院が使われている。東山殿会所 7 のように主殿以外の建物にもこの特徴が認められる。

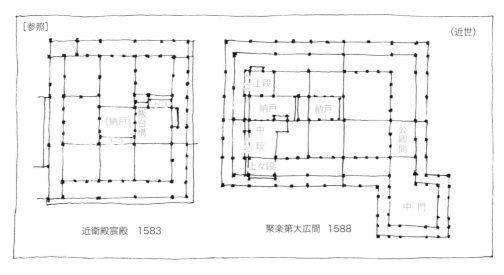

近衛殿宸殿　1583

聚楽第大広間　1588

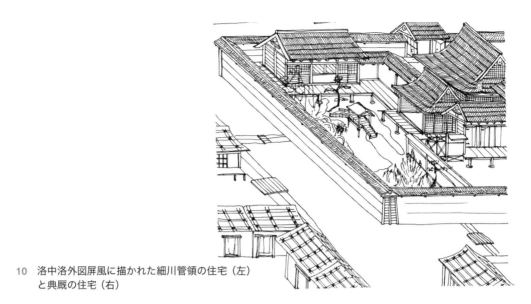

10　洛中洛外図屏風に描かれた細川管領の住宅（左）
　　と典厩の住宅（右）

主殿造

　主殿を中心に、台所・厩（うまや）・遠侍（とおざむらい）などを配した、中世の武士の住宅にみられるような住宅の様式を主殿造と名付ける。

　法然上人絵伝に描かれた美作国の押領使漆間時国の住宅は、主殿のほかに厩と台所だけが描かれていて最も単純な例である▷p.42図2。

　洛中洛外図屏風に描かれた細川管領の住宅はもっと複雑である▷10。中心に主殿が建ち、主殿の右手前に遠侍が、その奥に台所が描かれている。主殿の左手にあって庭に面しているのは会所であろう。会所は上層の住宅にあらわれる遊びのための建物である。主殿の奥にみえる大きな屋根は、おそらく家族のすまいであろう。敷地の最も左手、奥に厩がある。

　細川管領の住宅は、最も規模の大きな主殿造の例である。細川管領の住宅の場合も、その隣の典厩の住宅の場合も、敷地の南部に庭園がある。寝殿造の住宅においても南部に池の庭があった。その池は遊びの場でもあった。また、池庭と寝殿の間には、平坦な南庭があった。主殿造の住宅では、池庭は主殿あるいは会所にせまっていて、その間に平坦な庭はない。池にかかる橋には、屋根のついた休息の場所もあって、庭を散策することはあったが、庭が遊び場となることはなく、主として観賞するためにつくられている。また、水を用いない庭もつくられた。

　このような中世の庭園は、中世はじめに、中国大陸から伝えられた禅宗寺院の庭とのかかわりあいが深いと考えられる。

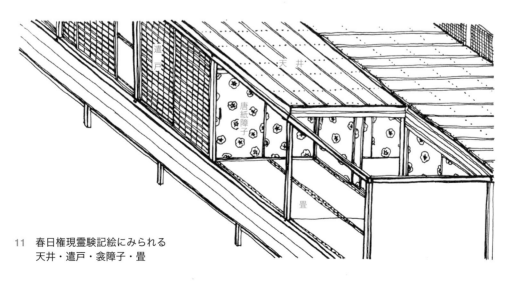

11　春日権現霊験記絵にみられる
　　天井・遣戸・衾障子・畳

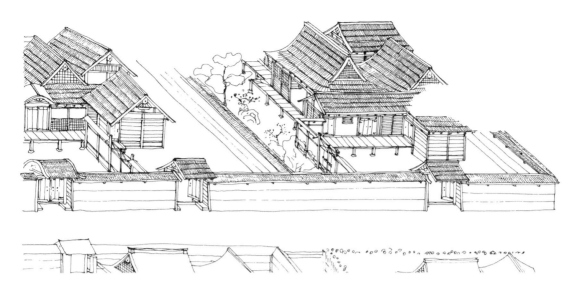

天井・建具・畳

中世の住宅において、間仕切が比較的自由になった原因に、天井がはられるようになったことがあげられる。寝殿造では、天井がなく屋根裏がそのままあらわれていたから、どこででも区画するというわけにはいかなかったが、天井をはるようになると、上部がどこでも同じ高さであったから、どこで仕切ってもかまわなかった。天井がわかる例は極めて少ないので、春日権現霊験記絵に描かれた棹縁天井（裏側）は貴重である［11］。

図11に描かれた天井は屋根裏からみた裏側で、釘が打たれている列の下側に棹縁があったわけである。棹縁には、猿頬と呼ばれる幅の倍ほどの成があり、下半分を両側から斜に削ったものが普通使われている。

中世の住宅には衾障子・明障子・遣戸 p.34 が建具として多く用いられている［11］。いずれも引戸で、蔀戸や板扉の形式は主殿の表に面した所に残っているだけであった［12］。遣戸は平安時代の末から明障子と組合わせて外回りに使われるようになる。室内の間仕切には、ほとんど引違いの形式の衾障子が使われている。図11では模様が散らされているところから、鳥の子紙などに木版で模様を刷った唐紙が用いられていると思われる。模様を刷った紙は、絵を描くのにくらべ略式と考えられるが、中世から相当用いられていたらしい。近世に入るとこの傾向はさらに広がり、数寄屋風の書院に好んで用いられるようになる。

また、中世になると室内に畳を敷きつめることが多くなり、次第に敷きつめが一般化していく［11］。

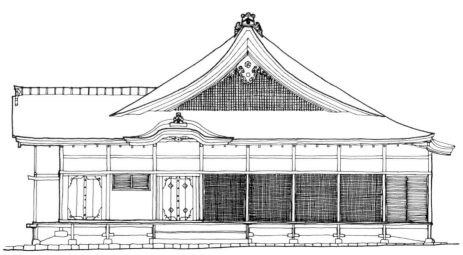

12　主殿造の立面図

13 納戸（慕帰絵より）
内部に畳が敷かれ枕がおかれている。

納戸

　寝殿造の住宅において寝室であった塗籠は、中世の住宅にも引き継がれる。この寝所は納戸とも呼ばれ、周囲をとくに堅固につくられた板壁で囲まれた例が、絵巻物に描かれている。図示した納戸 13 はたくさんの間柱をたて、その外側に横板を打って周囲の壁をつくっている。入口は内法高さの半分くらいしかない引戸で、「さる」と呼ばれる鍵をかけている。さるの横に小さな穴があいているから、外からは先の曲がった鍵であけることができた。この形式の鍵は、寺や神社などの古い建物に使われていて、京都・奈良の社寺でよくみることができる。納戸の中には畳を敷き枕を置いている。入口のすぐの所にたてかけてある刀は、護り刀であろうか。ほかの例

では、納戸の中に鞍やから傘などを納めている場合もみられる。おそらく、この場合は寝室ではなくなり、厳重に戸締りなどができるところから、大切な物を納めておく所になったのであろう。

　絵巻には、そのほかに敷居を普通の部屋の場合より一段高くつくり、襖障子をたてている例も描かれている。

　これらの納戸は、近世になって武家住宅の納戸（あるいは帳台の間）や、農家の寝室である「なんど」あるいは「ちょうだい」「ちょうだ」などに受け継がれている。敷居を上げ鴨居を下げて、出入口の襖障子や板戸を小さくつくる特有の形式は、中世住宅の納戸の入口にはじまると考えられる。小さな入口には防御の意味があるが、一段高くなった敷居は、床に敷いた藁などが外に出ないような役割をしている。

14 仏画の前机（慕帰絵より）

三具足
（香炉・花瓶・燭台）

15 花を観賞する（慕帰絵より）

押板

　床の間の起源は、仏画の前においた卓にある[14]。仏画の前には、花瓶と香炉と燭台を並べたが、花を生けて観賞するときも同じように三具足（花瓶・香炉・燭台）を並べている[15]。このときは仏画をかけてはいない。仏画が宗教性のない絵画に代っても、前に並べるものは同じであり、つくりつけになった押板の場合にも、三具足の内の花瓶が置かれた[16]。

　床の間には板床である押板の系統とは別に畳を入れた畳床の系統がある。これは床本来の意味である座るため、あるいは寝るための畳を敷いた台から発展したもので、茶室や数寄屋風の書院の床の間として、近世になって多く用いられたが、この形式は室町時代にすでにその起源がみられる。

16　押板（慕帰絵より）

付書院

　中世には出文机と呼ばれ、縁にはり出してつくられた机であった。法然上人絵伝では、書きものをしているところが描かれている[17]。

　慕帰絵に描かれた付書院には、紙と硯箱のほかに植物の植わった鉢が左右に置かれ、下も地袋になっていて、机ではなくなったことがわかる[18]。次第に付書院は実用からはなれ、中国大陸からもたらされた文具の類を飾る場所に変っていった。

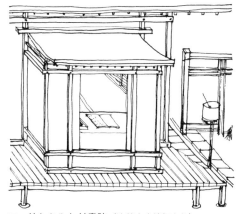

17　外からみた付書院（法然上人絵伝より）

違棚

　違棚は、中国大陸からもたらされた書籍や、茶道具などを飾るためにつくられた。はじめは、そのような書籍や道具類を置き、棚に飾っていたようであるが、人々を招いて遊びが行われる場が特定の建物、特定の部屋にきまってくると、その部屋に宋や元からもたらされた道具を飾り、客にみせるための施設として違棚がつくられるようになった。

　書籍などを飾る違棚は、硯や筆などの文具を飾る付書院と密接な関係にあり、違棚と付書院がとなり合わせにつくられることもあった。東山殿の遺構である慈照寺の東求堂同仁斎には実例が伝えられている。ここでは飾りとして違棚に書籍をのせ、付書院に文具を並べた記録がある。

　このような違棚と付書院のような、関連する施設が組合わされることはあるが、床・押板・付書院・違棚が設けられる場所や、組合わせ方は、中世にはまだきまってはいなかった。必要な場所に必要に応じてつくられている。

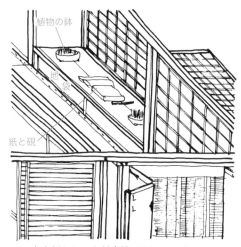

植物の鉢

地袋

紙と硯

18　室内側からみた付書院（慕帰絵より）

囲炉裏

かまど

19　慕帰絵に描かれた台所　かまどと囲炉裏がみえる。

台所

　中世住宅の台所は、実例は残っていないので、やはり絵巻に描かれたところから判断するほかはない。それらからみると、炊事のための施設はかまどと囲炉裏に大別される▷19。

　かまどは土間に設けられ、湯を沸かし、飯を炊くために用いられている。これに対し板床の部分に設けられた囲炉裏は、副食物を調理するための施設であった。囲炉裏には、板の間に切られる場合のほかに、浅い箱をつくって板の間の上に置いている場合、囲炉裏のまわりに畳を敷いている場合などがあった。

風呂

　体を洗う施設には湯殿と風呂があった。通常は湯殿で、たらいや桶にくんだ湯につかっているが、上層階級の住宅には風呂がみられる。風呂は蒸風呂で、蒸気浴のための小部屋と、湯や水をあびる部分とからできていた。図示した例▷20は風呂を外からみているところで、かまどには風呂に蒸気をおくる釜と、湯をわかす釜がかけられている。近世はじめにつくられた例であるが、西本願寺に黄鶴台と名付けられた風呂が残っている。そこでは蒸気浴のための小部屋に小さな入口から入り、奥の腰掛けに座るようになっている。蒸気は腰掛の下から出てくる。

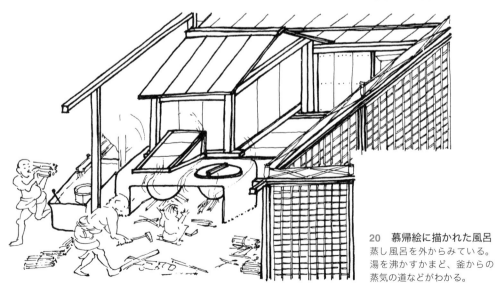

20　慕帰絵に描かれた風呂
蒸し風呂を外からみている。
湯を沸かすかまど、釜からの
蒸気の道などがわかる。

書院造

座敷飾

近世の住宅を特徴づける、最も重要な要素は、座敷飾である。座敷飾は、床を中心に、違棚や付書院から成り立ち、そして時には帳台構も加わっている[1]。

座敷飾を構成する床・違棚・付書院、そして帳台構は、いずれも中世の住宅にすでに使われていた。しかし、それらは一定の配列をもって1ヶ所に集まっていたのではなく、それぞれが必要に応じて設けられていた。

我々が今、床や違棚などの座敷飾を想いうかべるとき、床や違棚そして付書院がばらばらに、それぞれの部屋に設けられている状態ではなく、床のかたわらに並んで違棚があり、床脇の床と直角方向の面に付書院、あるいは平書院（縁側にはり出さない書院窓の形式）が設けられた形式を想いうかべる。

西本願寺白書院紫明の間[1]は、座敷飾の典型的な形である。この場合、床にむかって左手に庭があり、能舞台が設けられている。床は、正面の壁面の庭側によせられる。右手には違棚がくる。庭に面する柱間には、間口1間の付書院がみえる。付書院と反対側の壁面は帳台構である。付書院と帳台構をむすんで、部屋の3分の1ほどが上段となっている。

この紫明の間の座敷飾は、最もととのったもので、床は地板を厚い欅の一枚板とする押板床とし、違棚も天袋だけをもつ、典型的な形式である。

このような形式は、江戸城本丸の白書院や、現存する二条城二の丸大広間など、格式の高い建物に用いられている。江戸城本丸の大広間や、二条城二の丸の黒書院では、この組合わせにさらに違棚を加えた複雑な形式をみせているが、そのように要素を重複させた形式は近世を通してみても極めて少ない。

複雑なものあるいは単純なもの、いずれも図示[1]した典型的な形式からの変形と考えることができる。

1 西本願寺　白書院紫明の間
**　一の間の座敷飾**

白書院は、本願寺対面所の背後に接続されている。現在の姿になったのは寛永10年（1633）頃と考えられている。対面所と一体になる前に、この建物がどこにあり、どのような性格の建物であったかは明らかでない。

現在は向って左手の庭に能舞台があるが、本来は上段に座って正面にあたる三の間が舞台で、上段に床を背にして座ったまま能を観ることができるつくりであった。部屋の3分の1ほどを上段とするつくりは古式であるが、様式的には寛永時代の姿を伝えている。

平面の変遷（主殿造から書院造へ）

　住宅の中心の建物は、中世の主殿[2]から近世の書院[8]へと変っていくが、その過渡的な経過として広間と呼ばれる時期がある[3、5〜7]。この時期は主に1600年を中心とする半世紀ほどと考えられる。

　建物の名称の変化は、その建物の主用途の変化によるのであるが、それと共に平面にも変遷がみられる。中心となる建物がこの時期に変化した機能上の原因として、次の2つをあげることができる。

　その1つは、対面の形式に変化がおこったことである。中世の主殿で対面の場となったのは、南面中央の部屋であった。中世の場合には、中央の部屋に庭にむかって客が座り、出迎えた主人は庭側に相対して座っていた[9]。近世になると、対面の場が拡大し2〜3室に及び、相対的な位置関係が、両者の格式によって細かく定められるようになったために、矢印で示した対面の軸線は庭に平行するようになった[10]。この形式は、その住宅の主人が客を迎えるときも、自分より身分の低い人の挨拶をうけ対面するときも変らなかった。上位の者が床の前に座るという原則があった。そのために、平面上、南面の最も奥の部屋が主室となるという変化がおこっている。

　もう1つは、中心となる建物から居住機能が他の建物に分離して、中心となる建物は対面だけに使われるようになったことである。主殿の北半部は居住部分であった。例えば、1485年に建てられた仏地院の主殿[2]では、北半部の中央に寝所である塗籠があった。北半部の一室に常御所と明記されている場合もみられた。近世に入る頃には、常御所が1棟となって独立する傾向が進む。もちろん、室町時代にも将軍のような上層階級の住宅では、遊びのための建物である会所と共に、常御所が独立した例がみられたが、まだ一般的ではなかった。しかし、江戸時代に入る頃になると、上層武家の住宅では、居住のための建物が、中心となる建物から独立していない例はないほどになっている。

　中心となる建物から、常御所や寝所など居住部分が別棟に移ると、拡大しつつあった対面の機能がそのあとにまで広がっていく。

　1588年の聚楽第大広間[3]は、裏側に上段がみられる。この部分は、表側の公的な対面の場に対して、内向の対面の場であったと考えられる。居住部分は、三列型の平面の場合中央列にとられるのが常であるが、この例では納戸は対面の場合の控の部屋であり寝室ではなく、また居間にあたる部屋もない。

　1608年の匠明殿屋集に描かれた当世広間の図[5]では、対面のための上段が、奥に折れこんで入って

2　仏地院主殿　1485

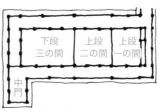

4　三宝院表書院　1598

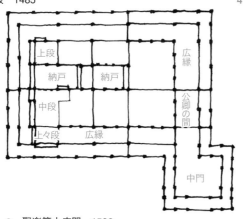

3　聚楽第大広間　1588

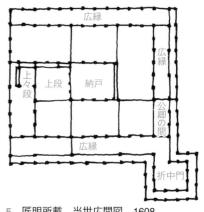

5　匠明所載　当世広間図　1608

いる。この場合、納戸を対面に際して上段に出るまでの控の部屋とするには、まず北側から納戸に入らなければならないから、最も北側の一列を独立して使うことはできなくなる。北側の部屋は広間の中で、重要な機能を果たすことがなくなったと思われる。

1598年につくられた醍醐寺三宝院の表書院は当世広間より早い例である [4]。三宝院では門跡の居住部分は奥に別棟で用意されている。従って表書院は接客専用の建物である。武家とちがい、大規模な多くの人々を収容する建物を必要としなかったためか、居住部分を全く切り捨てた平面となった。中門が残っているが、近世住宅の典型的な一列型平面の、最も早い例であろう。

1615年の名古屋城本丸広間 [6] は、匠明殿屋集の当世広間 [5] の平面から、不要となった背面の一列と中門が消えた形式である。

1626年の二条城二の丸大広間 [7] は、三列型の名残をみせる平面で、聚楽第大広間 [3] の平面と似ている。しかし、すでに中門はなく、内向の対面の場も別棟となっているので、帳台の間をとりまくように上段の間、下段の間、三の間、四の間が配されている。実際に対面の場となるときの状況を記録から探

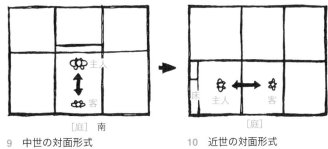

9　中世の対面形式　　　　10　近世の対面形式

すと、二条城や江戸城の例では、主として連続している2部屋を使っている。二条城二の丸大広間の場合には、上段の間に将軍が座り、老中や諸大名が下段の間に座る対面の形式と、三の間に多くの大名が座っているところへ、将軍が下段の間まで出る対面の形式がみられた。これからみると、対面のための部屋が、上段の間から下段の間、三の間、四の間とコの字形に配されていても、対面のために実際に使われる部屋は、一列に並んだ2～3室であったことがわかる。

1657年の宇和島藩江戸中屋敷書院 [8] は、対面の場である座敷飾を備えた主室と、次の間から成る一列型平面から成っている。これまでに示した平面は、いずれも主殿の平面の名残をとどめていた。この例に至って近世住宅の中心建物である書院の平面がととのったとみることができよう。

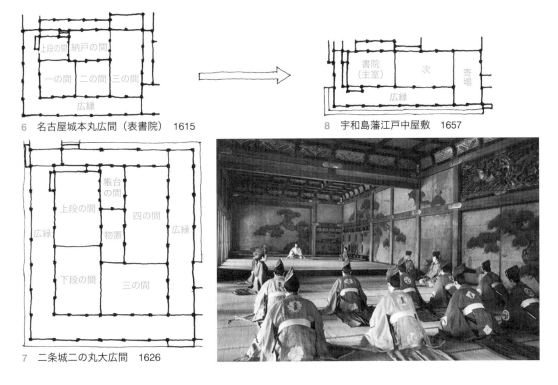

6　名古屋城本丸広間（表書院）　1615

8　宇和島藩江戸中屋敷　1657

7　二条城二の丸大広間　1626

複雑になった饗応作法

　封建社会も江戸時代に入って、次第に安定する。2代将軍徳川秀忠と3代将軍家光は、江戸に屋敷を構えた諸大名のところへしばしばお成りになった。諸大名の側では、公式のお成りを迎えるためにはお成り御殿を建て、非公式の場合でも道具などをととのえてこれを迎えた。

　将軍や大御所の度重なるお成りによって、この時期に諸大名の側の饗応の作法が固まり、1つの形式ができ上がった。将軍を迎えて種々の品物を進上し、また将軍からも品々を頂戴する儀礼のほかに、能と茶は共に饗応の作法に欠かせないものとなった。

　拡大し1つの形式ができ上がった饗応作法のために、通常2棟の書院が用いられた。1棟は大書院または書院と呼ばれ、その前庭に能舞台が組立てられた。その奥に小書院がつくられ、小書院には囲の間が付属するか、あるいは草庵茶室が庭に建てられた。この能舞台をもつ大書院と、茶室をもつ小書院の組合わせが、近世の接客作法をもとにしてでき上がった武家住宅の公式部分の標準的な形式である▷11。

　この公的部分の標準的な形式は、諸大名の住宅に止まらなかった。武家では、幕府の場合には大広間、白書院、黒書院の3棟に拡大した形式、下級の武士の住宅は省略型と考えることができる。公家の住宅でも伝統的な儀式を多く伝える摂関家においては、儀式の場である寝殿を大小両書院よりさらに表に設けるところがちがうだけで、接客に用いられる部分に根本的なちがいはなかった。また、寺院や豪商などの住宅をみても同様で、大小両書院を備えるのが近世住宅の表向として標準的であったと考えられる。

室内空間の展開

　平安時代の寝殿における昼間の生活は、屋根でおおわれていたが、建築的には全く間仕切のない、あけひろげの空間の中で行われていた。板敷の広い母屋や庇にまず置畳をして座をしつらえていた。そのまわりに屏風をたてまわし、あるいは几帳をたてて座のまわりを囲んだ。生活の場は自由に気のむくままに移すことができたが、すべて仮設的であった。

　中世になると、住宅には天井が張られ、壁や襖障子・明障子、そして遣戸などの建具を使って間仕切

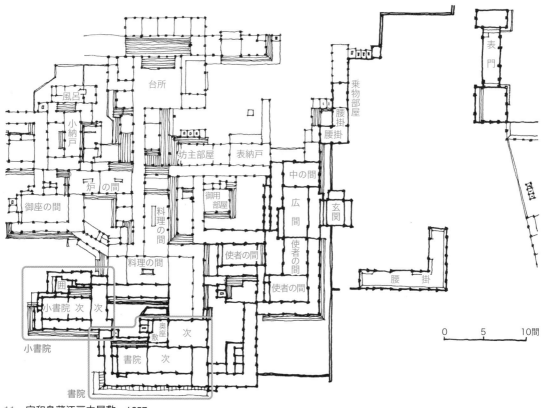

11　宇和島藩江戸中屋敷　1657

古代の寝殿造の空間をモデル化すると屋根と床だけになる。点線は舗設の状況を示している。

中世の主殿造の空間をモデル化すると屋根は関係がなくなり、天井と内法下の建具・壁で区画された空間となる。

天井でおおわれ、建具や壁で固まれている。意識上では、周囲は背丈ほどの高さまで囲まれているだけである。天井は周囲からの支えなしに浮いている。

12　中世の室内空間モデル

をするのが一般的となった。中世の住宅には間仕切が多くみられ、またこれが仮設ではなかったために、それぞれの部屋の用途が固定するようになった。

　一方、住宅の内部で、障壁画によって飾られる部分をみると、中世には内法長押の下の襖障子や、貼付壁に絵が描かれるだけで、それより上の部分が絵や文様によって飾られることはなかった。その高さはちょうど人間の背丈ほどで、平安時代に屏風や几帳を置畳のまわりにたてていたことと相通じるものがある。すなわち、背丈より高い所に絵を描かないのは、間仕切に屏風や几帳を使っていた時代の名残とみることができよう。また、日本人は白を色とはみないので、白く漆喰を塗った内法上の小壁を、意識の上では何もない所と考えていたのかもしれない[12]。

　それと対応するように、中世の住宅では内法上を竹の節欄間あるいは筬欄間とすることがある。この両種の欄間は、いずれも2室の間を完全に区画するものではなく、見方によっては、区画する、区画しない、どちらともとれる間仕切の手段である。

　一方、天井は壁面とちがい住宅では絵画等によって飾ることはなかったが、通常しっかりとした猿頬（棹縁の一種）天井としていた。ただ、天井の下の壁に変った手法がとられ、柱は天井にまで達していない。天井の下にはひとまわり大壁形式の蟻壁があって、柱をかくしている。蟻壁のために天井が浮いているようにみえる[13]。

　近世初期の最も華やかな室内意匠と考えられている二条城二の丸大広間の上段の間は、正面の床には天井近くまでいっぱいに老松が描かれている。松は

13　大徳寺　方丈室内

床だけでなく、右手の壁面、左手の壁面にも描かれている。老松は内法下の部分に止まらず、ここでは内法上の小壁まで一体に1つの画面にみたてている。二条城二の丸大広間では、白い漆喰塗の壁はどこにもみあたらない▷14。大広間だけでなく、二条城の内部全体をみわたしても、白壁は裏側のほんのわずかな部分にあるだけである。

天井をみれば、黒く漆を塗った格子の間には極彩色で文様が描かれている。壁面の花鳥画と直接には関係ないが、いずれも金箔を下地として華やかである。これより少し前まで、天井は格天井の場合にも、その間に絵や文様を描くことはなかった。木地のままで、格子も塗らず金具も打っていなかった。

小壁まで絵を描き、天井を飾るようになったのは、江戸時代に入ってからである。二条城二の丸御殿や、西本願寺の対面所・白書院など、華やかな書院造の建物は、これまで桃山時代の豪華絢爛たる風潮を反映した典型的な例と考えられてきた。しかし、二条城二の丸御殿は1626年、西本願寺対面所と白書院は1633年に今の姿となったから、これらの華やかな室内意匠は、江戸時代の3代将軍家光の時代にでき上がったことになる。

現在わかる限りの史料からみると、1615年に造営された名古屋城本丸の広間には、まだこのような装飾形式はあらわれず、1617年に幕府が伏見城本丸に建てた書院に、はじめてあらわれる。その後1619年に、幕府が後水尾天皇の女御として入内した2代将軍秀忠の娘和子のために建てた御殿群の中の一部の御殿（常御殿・休息の間・御化粧の間）にも見られ、1620年に建てられた内裏の御亭、さらに1626年の二条城二の丸の行幸御殿と、幕府が造営した建物がつづく。これらは、みな小堀遠江守政一が奉行を勤めた建物である。1619年の女御御殿では、小堀遠州が奉行であった建物だけに、この現象がみられるので、

15　近世の室内空間モデル
近世の書院造の空間をモデル化すると、天井・壁・建具で完全に包みこまれた形となる。屋根は関係がない。

全体を包みこむような装飾形式を推進したのは小堀遠州だったと考えられる▷15。

二条城の二の丸大広間の奉行は小堀遠州ではなかった。しかし、遠州も奉行の一人として造営に参加していた。大広間の絵師は狩野探幽であった。当代随一の絵師狩野探幽によって、この大広間ではじめて天井に達する大壁面を、1つの画面とする近世を代表する手法が生まれたと考えられる▷14。

武家住宅の構成

近世になると、接客のための作法が複雑になって接客のための建物が1棟から2棟になったことはすでにのべた。その最も規模の大きい例は、幕府のもので、江戸城の本丸御殿のほかに、家康が上方にお

14　二条城二の丸御殿大広間

ける本拠とした伏見城、将軍の京における宿舎である二条城の二の丸御殿、伏見城を使わなくなってから幕府の上方における拠点となった大坂城本丸御殿▷16である。その中で伏見城の本丸御殿は図面が伝わらないので全容はわからない。江戸城の本丸御殿は3代将軍の頃の寛永年間の様子を伝える図面があるが、それほど確かではない。上方の大坂城本丸御殿は明治まで残っていたし、二条城二の丸御殿の主要な部分は、そのまま今も残っているので、その様子を知ることができる。

大坂城は3代将軍のとき伏見城にかわって上方の本拠としてつくられただけに、江戸城の本丸御殿とその構成はほとんど同じである。

玄関を入ると、遠侍である。遠侍は中世から武士の住宅にあって、その屋敷に詰めていた侍がいた場所であったが、近世になると、取次の人々の詰める所となり、床と違棚のある訪れた客の控の間がその中につくられた。

将軍と対面する前に客を正式に取り次ぐのが式台であった。正式の対面は大広間の上段・下段で行われた。この大広間の前には、能舞台があった。勅使などを迎えたとき、ここで能が行われた。対面のあとで饗宴が行われたのが白書院であった。また、正月など諸大名との対面の場合には、大広間で国持大名との対面、白書院では御三家との対面が行われた▷16。

黒書院と銅御殿（あかねごてん）は、大広間・白書院の表に対して中奥と呼ばれていた。銅御殿は屋根が銅瓦葺だったのでこの名がある。銅御殿は、将軍の御座の間であった。将軍が政務をみたのは御座の間である。江戸城本丸では、寛永の造営から将軍の休息と寝所のために「御休息」と呼ぶ建物がつくられ、御座の間は昼間政務をみるための建物となった。黒書院は平素の将軍の対面の御殿で、江戸城では、参勤交替の挨拶は主に黒書院で行われた。

大坂城は、将軍が上洛したときの居城であるため夫人のすまいである大奥はないが、本拠である江戸城には広大な大奥があった。

これらの建物のほか、白書院と黒書院の間には対面所があり、茶の湯のための数寄屋と鎖の間などもつくられている。そのほか、老中以下の控の間や、上台所・下台所をはじめ多くの付属建物が軒を接している▷16。

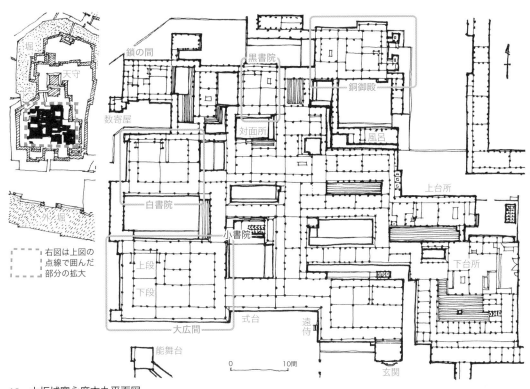

右図は上図の点線で囲んだ部分の拡大

16　大坂城寛永度本丸平面図

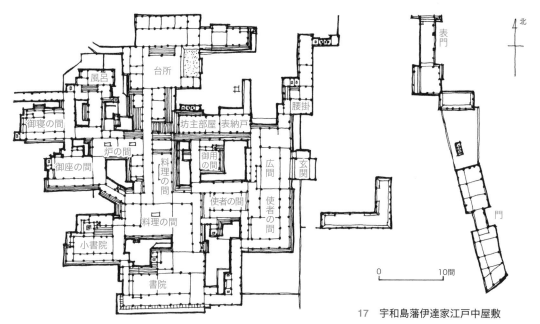

17　宇和島藩伊達家江戸中屋敷

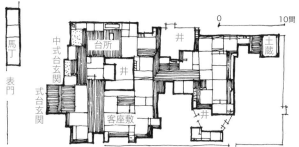

18　加賀藩士西尾隼人（4300 石・奏者番）屋敷

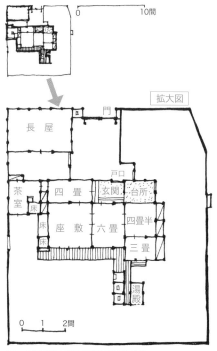

19　岡山藩士樋口竜右衛門屋敷

武家住宅の規模

　幕府の江戸城をはじめとする各地の御殿は将軍の格式として、元和から寛永（1620～40 年頃）にでき上がった形式を江戸時代を通じて受け継いでいた。従って、時代が降っても、その規模や構成の上でほとんど変化することはなかった。

　諸大名の屋敷は、国もとにつくられるほかに、江戸に妻子をおき参勤交替の制によって1年ごとに江戸に住んだので江戸にもつくられた。江戸の屋敷は、江戸城の大手門周辺につくられた上屋敷のほか、中屋敷や下屋敷などがあった。上屋敷は江戸城の近くにあり、敷地が十分でなかったために建物が密集している。その上、大名は互いに華やかさを競っていた。これに対し、中屋敷や下屋敷は十分な敷地をとることができた。このため、大名の中には中屋敷・下屋敷に生活の本拠をおくものもあり、また、母親・子供などを住まわせていた。下屋敷の多くは郊外にあり、広い庭園をつくる場合もしばしばみられる。

　宇和島藩江戸中屋敷^{※17} は、明暦大火の後、直ちにつくられた屋敷で、それほど規模の大きな例ではないが、大名屋敷の典型的な構成・配置がみられ、書院などそれぞれ建物の平面も典型的である。玄関を入ると取次のための広間があり、つづいて床と違棚のある使者の控の間があった。

　対面・接客のための建物は、書院と小書院の2棟で、小書院には茶の湯のための囲が付属している。

　小書院からさらに奥にすすむと御座の間である。御座の間

は政務をとる場所であったが、江戸時代のはじめには、大名がくつろぎそして寝るための建物でもあった。幕府の御殿でも、大坂城本丸御殿の例のように、はじめは御座の間（銅御殿）1棟が将軍の生活の場であった。江戸城では、元和から寛永にかけて幕府の制度がととのい固定するのと合わせて、御殿の構成も定まるが、そのとき御座の間は、昼間将軍がそこに出て政務をとる政庁としての役割を強くもつようになった。そのため、将軍が政務をはなれてくつろぎ、そして寝るための建物として、御座の間の奥に御休息と呼ぶ御殿ができた。同じことが、大名の住宅でもみられ、宇和島藩の江戸中屋敷には、御座の間の奥に御寝の間がある [17]。

これら主要な建物は、いずれも南面し、表から奥へ廊下でつながれ雁行して建っている。そのほか、住宅の大きな部分を占めるのが台所・料理の間・炉の間など、食事を用意するための場所であった。台所・料理の間などから、書院・小書院・御座の間などは、いずれも直接、食事を運ぶことができるよう配慮されている。

この屋敷で働く人々のすまいは、おそらく周囲に長屋として用意されていたと思われる。日常、詰めそして働く場として、台所をはじめとする食事に関する所のほかに、御用部屋（あるいは御用の間）・右筆部屋・坊主部屋などがあった。また、玄関のまわりには供の待つ腰掛や乗物部屋、進物番の詰所などがあった。

御寝の間の北に、西にむかう廊下があるが、この廊下は夫人のための建物群とをつなぐ廊下で、夫人のための御座の間付近に建っているのが普通である。この廊下のはじまるあたりに風呂屋がみられる。

次に示したのは、加賀藩士西尾隼人の住宅 [18] である。敷地はもう少し北に広く、厩などがあった。西尾隼人は、4300石の禄高で奏者番をつとめていた。加賀藩では、国もとにいた家老本多家が5万石であったから、藩士の石高は他藩にくらべて高いが、西尾隼人はその中で上から27番目に位している。西尾隼人の住宅は、大きく2つの部分に分かれている。部屋の名称がもとの図面にほとんど記入されていないので、たしかなことはわからないが、平面から推定すると、右側の部分は、内向の生活のための部屋と考えられる。この部分は東側に土庇があって、数

寄屋風の軽快なつくりだったと思われる。西側は表向の部分で、南の座敷に客座敷と記されている。客座敷につづく東向の部分にも床のある座敷がある。ここが主人の居室だったのであろう。この部分の西側には、全体の規模からみて異様に大きな式台玄関があり [20]、その北に内向の玄関がある。このようなところが武士の格式なのであろう。北部は台所である。この平面図の縮尺は宇和島藩の江戸中屋敷の縮尺と同じで、大名屋敷と藩士の屋敷の規模のちがいがよくわかる。

もうひとまわり小さい平面は、岡山藩の樋口竜右衛門の屋敷 [19] である。これも上の2つの図と縮尺は同じである。樋口竜右衛門の扶持は不明であるが、この規模からみて相当下の方の侍だったと思われる。拡大した方の平面でないとあまり細かくてよくわからないが、このように小さな家でも、住宅の構成は基本的には変らず、門を構え、門を入ると正面に玄関があった。主屋の内で最も広い8畳の間は主人が使う座敷で、床と脇床があり客を通すのもこの座敷である。座敷の奥には4畳に床のついた茶室がある。この茶室の床の間は半畳あり、玄関につながる4畳から入ると、ふみこんだ入口の所が点前座で、この1畳の畳に炉が切られている。

玄関のとなりが台所の土間で、図には何も描かれていないが、この土間にかまどと流しがあったと思われる。家族が生活する場所は、おそらく台所につづく4畳半と3畳であろう。門の脇には6間に4間の長屋があった。

20　大覚寺の玄関

御座の間の分化

　さきにふれたように、幕府や大名屋敷の御座の間は将軍や大名が日常政務をみる場所であり、同時にくつろぎの場所そして寝る部屋でもあった。この２つの機能は両立せず、幕府でも大名屋敷ででも両機能が建物を分けて分化する傾向を示した。幕府では寛永の江戸城本丸御殿に御座の間と御休息の間がつくられ、将軍はこれ以後御座の間で政務をみ、御休息の間でくつろぎ寝るようになった。

　さきに示した宇和島藩江戸中屋敷 ⊃ p.58 図17 でも御座の間の奥に御寝の間がつくられている。大名屋敷で私的な部屋がどのように使われたかの一例を、広島藩浅野家の例から拾うと、図21・22 のようになる。広島藩の国もと屋敷で、藩主がどこに寝ていたかをみると、通常は図21 のように、御居間の床のある主室であった。この図は夏の状態を示し、枕元に刀をおき、蚊帳をつっている。冬は蚊帳をつらないかわりに、枕元の障子にそって屏風をたてていたことが、別の図から明らかになる。この場合、奥の小座敷には中央に茵が敷かれていた。

　図22 は、大晦日から正月13日までの状況で、御居間の主室には床の間の上に蓬莱の飾がされ、床の間の脇には御祝の餅が置かれていた。そして、部屋のほぼ中央に置炬燵があって、ここで正月の行事が行われたために、寝床は奥の御小座敷に敷かれている。やはり枕元には刀があり、枕元には屏風がみられる。

　正月の例は、御居間の主室において正月の行事がくりひろげられるために、私的な機能が追い出され、奥の御小座敷に移っていく様子を示している。

武家住宅の玄関

　武家住宅に限らず近世住宅の玄関は、低い板敷の部分を突出させ、唐破風が軒先についた屋根でこの板敷の部分をおおっている ⊃ 20。この低い板敷は、江戸時代に武家をはじめ広く用いられるようになった駕篭をつけるためのものである。この玄関の低い板敷は、その上に駕篭をつけるのにぐあいがよい。駕篭は他人の屋敷を訪れたとき、自分と相手の身分の差に応じて降りる場所に習慣上の定めがあった。訪れた屋敷の主人の方が身分が高ければ、式台の上に駕篭を直接つけることはなく、玄関の手前でおりて式台まで歩く場合などさまざまであった。式台の手前にじかにつけて、履物をはかずに板敷に足をおろす例もあった。わずか手前に駕篭をおろし、板敷と駕篭との間に履物をそろえ、この履物の上に足をおろし履物をはかずに板敷に渡る場合もあった。一方、主人が駕篭で出入りするときには、奥でのってそのまま玄関を通って出入りする場合がみられる。

　玄関で客を迎える方の作法は、例えば加賀藩の江戸屋敷では御三家に対する礼として、表門の下、雨落の際で左右２人の取次の者が平伏して迎え、帰りは取次の者が同様に送るほかに、主人が玄関の板端まで出て見送った。これに対し老中の場合には主人は送りに出ても広縁の上までで、玄関の板敷まで下りることはなく主人と客の身分差で細かく作法が定められていた。

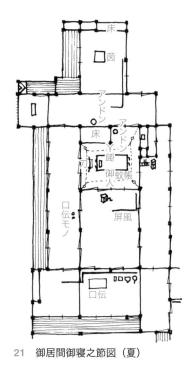

21　御居間御寝之節図（夏）

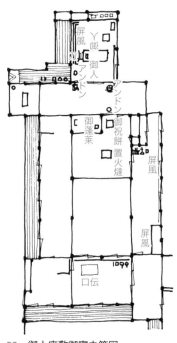

22　御小座敷御寝之節図

23 二条城二の丸 台所

台所と清所

　近世の武家住宅の中で、主人が使う建物のほかで最も規模の大きな建物は台所である。武家住宅に限らず、公家住宅や寺院の住房でもこれは同じである。規模の大きな住宅の場合には、例えば大坂城の本丸御殿のように、2棟の台所があり上台所・下台所と呼びわけられていた。台所のほかに、食事をととのえるための建物として清所がある。二条城の二の丸御殿では、台所と清所から構成されている[23]。一般に、台所が広い土間をもち、土間に多くのかまどを並べているのに対して、清所は床をはり囲炉裏を中心に置いている。

　かまどと囲炉裏の組合わせは、近世にはじまったのではなく中世にはすでにみられる。規模が小さくなると、両者が1棟にまとまっていることが多い。

雨戸の出現

　中世には外回りの建具として、主として遣戸（舞良戸）と明障子が組合わされて用いられていた。図24に示す二条城の大広間と黒書院をむすぶ渡廊下（蘇鉄の間）には遣戸と明障子が用いられ、黒ずんだ遣戸と白い障子が対比をみせている。

　近世に入ると図面に雨戸と書き込まれたものがあらわれるが、これは今の雨戸とはちがい、縁先に建物を保護するためにたてこまれた板戸であった。

　現在のような引通しの雨戸は、二条城の二の丸大広間や黒書院に使われたのが比較的早い例で、図24左手の黒書院のように大きな戸袋が設けられ、一筋の敷居の上に雨戸がくり出された。はじめは、明障子も同じ戸袋からくり出されたので、戸袋は雨戸と明障子を納めるため大きくつくられている。

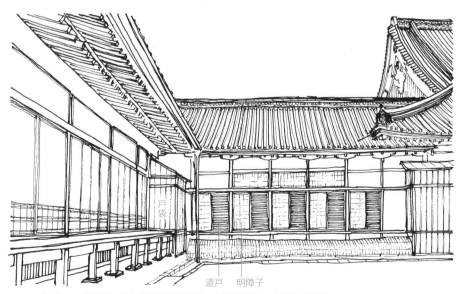

戸袋

遣戸　明障子

24　二条城二の丸蘇鉄の間（遣戸と明障子、左は黒書院の雨戸の戸袋）

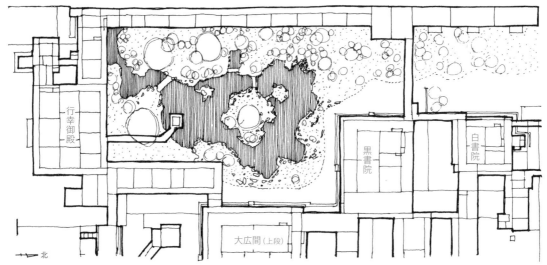

25 二条城二の丸庭園（寛永3年）

庭

　書院造の住宅には、建物の中から観賞する池庭が
つくられるのが常であった。初期の代表的な例は、
二条城二の丸の庭園である▷25。二の丸は、慶長8
（1603）年徳川家康が築城した当時の本丸で、屏風絵
をみるとその頃から現在の位置に池庭があった。現
在この庭は、大広間の西、黒書院の南にあたり、両
建物から観賞ができるが、二の丸となった寛永3
（1626）年当時は池の南に後水尾天皇を迎えるため
の行幸御殿があって、南からながめることも考慮さ
れていた。しかし、中心は大広間上段の間からのな
がめで、寛永3年当時には新築成った本丸の天守が
木立の上に聳えていたはずである▷26。
　江戸につくられた諸大名の上屋敷では、江戸城に

近く敷地が狭かったために広い庭園をとることがで
きず、その上大書院の前庭に能舞台がつくられたこ
ともあって、小書院、御座の間・御休息などの前に
それぞれ小さな庭がつくられるだけであった。
　上屋敷では、意のままの庭がつくれなかったので、
主として広い敷地が得られる郊外の下屋敷に庭園を
つくることになった。後楽園は水戸の徳川家、赤坂
離宮の地は紀州徳川家の下屋敷であり、そのほか六
義園なども大名の下屋敷があった所である。また、
大名はそれぞれ国もとにも広い庭園をつくった。金
沢の兼六園、高松の栗林園、岡山の後楽園、熊本の
水前寺公園をはじめ近世の城下町には名園が多く残
されている。京都では公家の下屋敷が郊外につくら
れたが、桂離宮はその1つで八条宮（後の桂宮）家
の下屋敷である。

26　大広間上段の間からみた
　　二条城二の丸の庭園
ちょうど正面樹木の低くなった
位置に本丸の天守が見えていた
はずである。
天守は寛延3年（1750）の落雷に
よって焼失した。

数寄屋風の書院

数寄屋風の意匠

　書院には、二条城二の丸御殿の大広間のように金碧の障壁画で固められた豪華なものと、桂離宮のように瀟洒な姿をみせるものとがある。二条城二の丸御殿の大広間のような様式を書院造と呼んでいるが、一方桂離宮の古書院・中書院・新御殿も、やはり書院造であることには変りがない。しかし、この2つの建物がもっている雰囲気には大きなちがいがあることは、誰しも認めるところであろう。

　書院造の細かい特徴を、
・床・違棚・付書院などの座敷飾で飾られた部屋をもつこと
・角柱を使い、長押を用いること
・障子・襖・雨戸などの建具を使うこと
・部屋には畳をしきつめ、格天井・棹縁天井などの天井をはること

などとあげていっても、二条城二の丸御殿の大広間も、桂離宮の新御殿も共に、これらの特徴を備えている。しかし、さらに細かく、柱や長押、座敷飾などの特徴をみていくと、両者にちがいのあることがはっきりしてくる。

　まず、柱をとりあげてみよう。二条城二の丸御殿の大広間では、面をとるといって正方形の断面のそれぞれの隅を、柱の幅の10分の1ほど45°に削りお

としているが、この形はどの柱をとり出しても同じである。また表面にあらわれる木目は柾目できれいにそろっている。ところが、桂離宮の場合には、柱の隅に多くの場合木の皮をはいだままの丸味のある部分が残っていて、自然のままであるため一定の形をしていない。丸太を四方削りおとして四角くしたのであるから、柱の表面にあらわれる木目は、柾目になることはない。かえって、そこにあらわれる板目の形が1本1本ちがうのを、たのしんでいるようですらある。

　二条城二の丸御殿の大広間では、柱は生地のままであるが、桂離宮の柱をよくみると、はじめ色が塗ってあったことがわかる。桂離宮で修理工事が行われていたとき、柱や梁、鴨居や敷居などすべてバラバラに解体されて倉庫の中におさめられていたが、柱にも、鴨居にも、建っているとき目にふれる所にはすべて色が塗ってあったことがわかった。木部に色を塗るということは、決して珍しいことではない。近畿地方では、今でも住宅の柱や羽目板に色を塗っていることが多い。弁柄やすすをまぜた暗紅色が多い。木部を保護するのが目的だったと思われるが、色のついた建物の並ぶ光景は近畿地方の町並の特色になっている。

　木部に色をつけることを「色付」といっている。桃山時代にはすでに「色付」が行われていた。すすな

1　慈光院書院
奈良県の大和小泉にある禅寺の書院。内と外が一体となってつながり、遠くの山々が借景となっている。畳床と付書院をもつ数寄屋風の書院で、床のうらに茶室を備えている。

2　桂離宮新御殿の上段と棚・平書院
二条城二の丸御殿の大広間▷p.56 図14 と比較すると、数寄屋風の書院の雰囲気がよくわかる。

3　三渓園臨春閣　住の江の間

どで古色をつけることも記録をみていくとでてくる。

　次に書院造を特徴づける最も重要な要素の1つである座敷飾をみよう。座敷飾の中心は床の間であるが、二条城二の丸御殿の大広間では、地板は欅の厚い一枚板で奥行はそれほど深くはない。床の上部にある落掛けも桧の角材で、柱の材ととくにちがったところはない。これに対して桂離宮の古書院・中書院・新御殿にある床▷2や、三渓園臨春閣の住の江の間の床は畳床である。畳床は普通部屋の畳に接するように床框を置き、床框の上面と同じ高さに床の畳を入れている。落掛けも柱の材とはちがい、丸太や黒柿など色の変った材を用いていることが多い。住の江の間の床では、丸太を加工した落掛けを使っている。

　3本の扇形断面の材をよせ合わせて、先も元も全く同じ太さの1本の丸太をつくり、ところどころはぎ合わせた線の上に人工的に節まで細工している。

　床柱も真四角の柾目材ではなく、丸太を使っていることが多い。時代が降ると丸太だけでなく、形の面白い自然木を使うことも多くなる▷3。

　違棚も、型どおりの書院では、単純な違棚・清楼棚を使うのに対し、さまざまに変化した複雑な形が多い。中でも桂離宮新御殿の桂棚▷2・修学院離宮中の茶屋客殿の霞棚▷5をはじめ、醍醐寺三宝院宸殿や、西本願寺黒書院の透し彫のある違棚▷4は、とくによく知られている。桂棚は幾種もの棚が複雑に組合わされている。また、修学院離宮の霞棚▷5は、客殿がもと東福門院（後水尾天皇の女御、徳川2代将軍秀忠の娘）御所の奥対面所として延宝5年に、今の仙洞御所の地に建てたときデザインされたもので、東福門院薨去の後その娘にあたる朱宮の寺、林丘寺に移された（その後、明治時代に修学院離宮の一部となった）。

　付書院にもさまざまな変形があらわれる。廊下に張り出した付書院から、張り出さないまま小さい障子を入れた平書院が生まれた。付書院はもともと文机として生まれたものであるから、机としての板があり奥行きがあった。廊下に張り出さなくても、桂離宮新御殿の上段のように、内側に机をつくりつけた形もみられた▷2。ところが、全く張り出さない平書院になると机の面影はなくなり、装飾以外のなにものでもなくなる。それまで付書院では欄間が花狭間になるくらいで、障子に特別のデザインはみられ

4 西本願寺黒書院の違棚

5 修学院離宮中の茶屋客殿の霞棚

6 三溪園臨春閣住の江の間　平書院欄間障子

なかったが、例えば臨春閣住の江の間の平書院では障子の桟に、ほかではみられない新鮮な意匠が認められる▷6。

　近世の町人文化の結晶である角屋（京都・島原）には、さまざまな意匠がみられる。床・棚・書院に上段風の床の間、2間もの幅のある違棚などに創意が認められるだけでなく、障子の桟の割付け▷8、釘隠、襖や杉戸の引手、欄間・唐紙の意匠など、どれをとっても美しい。

　書院造では釘隠に六葉を使うのが常である▷9。襖や杉戸の引手にもきまった形がある。同じ六葉でも座のあるものや、鍍金や煮黒めといって、黒く色をつけるつけ方に、建物によってちがいがみられる

が、その変化はわずかである。また、六葉や引手にほられる紋が菊や桐、あるいは徳川家にかかわる所では葵というように、ちがいがある程度の変化である。しかし、数寄屋風の書院では千差万別である。

　曼殊院の小書院の内法長押に打たれた富士の釘隠の如きは、山にかかる七宝の雲が1つ1つちがう。桂離宮新御殿の内法長押に打たれた水仙の釘隠も、また同じ新御殿の杉戸の花籠の引手も1つ1つちがう。有名な新御殿の襖の月の字の引手は1つ1つはちがわないが、同じ月の字でも恵観山荘の引手とは形がちがう。数寄屋風の書院は、書院造の要素をそなえているが、意匠的に形式にとらわれることがなく、のびのびとした変化にとんだ姿を求めている▷7。

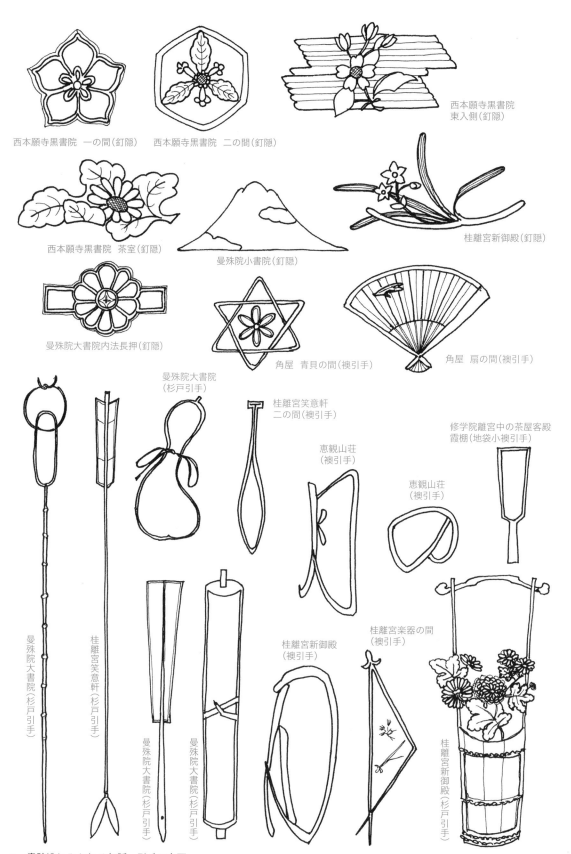

西本願寺黒書院　一の間（釘隠）

西本願寺黒書院　二の間（釘隠）

西本願寺黒書院
東入側（釘隠）

西本願寺黒書院　茶室（釘隠）

曼殊院小書院（釘隠）

桂離宮新御殿（釘隠）

曼殊院大書院内法長押（釘隠）

角屋　青貝の間（襖引手）

角屋　扇の間（襖引手）

曼殊院大書院
（杉戸引手）

桂離宮笑意軒
二の間（襖引手）

修学院離宮中の茶屋客殿
霞棚（地袋小襖引手）

恵観山荘
（襖引手）

恵観山荘
（襖引手）

桂離宮楽器の間
（襖引手）

桂離宮新御殿
（襖引手）

曼殊院大書院（杉戸引手）

桂離宮笑意軒（杉戸引手）

曼殊院大書院（杉戸引手）

曼殊院大書院（杉戸引手）

桂離宮新御殿（杉戸引手）

7　書院造にみられる釘隠・引手の意匠

8　角屋の障子

9　六葉金物

数寄屋風の意匠の起源

　数寄屋風の意匠は、江戸時代の後半に入ると、格式ばった書院造の意匠に代って、武家の住宅だけでなく公家の住宅にも、そして町屋や農家にもとり入れられひろまっていった。この数寄屋風の意匠は、いつ頃からみられるのであろうか。また数寄屋風の意匠は、草庵風の茶室の意匠が書院造にとり入れられたといわれているが、そうなのであろうか。

　現在のところ、数寄屋風の意匠がいつ頃から住宅にとり入れられ、その源がどこにあるのか、たしかなことはわかっていない。

　たしかにわかっているところでは、千利休が自邸にたてた色付書院が最も古い例であろう。この書院は、利休が秀吉の聚楽第の西南に構えた聚楽屋敷の中に建てられた。竣工した月日は明確ではないが、天正15（1587）年頃、おそくとも18年には完成していたと考えられている。この座敷の平面図が、表千家に伝えられているが、意匠の詳しいことはわからず、上段框が丸木であったこと、中段につき上げ窓があったこと、木部に色付をしていたことが数寄屋風である。

　寛永頃（1630年頃）になると、図面や記録の上で数寄屋風の書院と思われる建物がかなり多くなる。元和4（1618）年頃つくられた桂離宮の前身といわれる瓜畑のかろき茶屋をはじめ、後水尾上皇の仙洞御所の御書院、同じ仙洞御所の庭につくられた御茶屋、東福門院御所の庭の御茶屋、近衛殿の御茶屋や数寄屋があり、武家では、慶長8（1603）年に徳川家康が建てた二条城の御殿に畳床があったと考えら

れる（その床框は伏見からもって来ているので、伏見城の御殿にも畳床があったことになる）のをはじめ、熊本城内の加藤平左衛門屋敷、大坂城の鎖の間、二条城中にあったという三渓園の聴秋閣、毛利藩江戸屋敷の明暦2年の指図にみられる書院、同じ頃の宇和島藩江戸中屋敷の小書院などたくさんの例がある。また、現在数寄屋風の書院としてよく知られている西本願寺黒書院や、曼殊院の大書院、小書院も同じ頃、明暦年間の建築である。

　建物として全体が数寄屋風であったかどうかはわからないが、数寄屋風の意匠の特徴の1つである土壁の例には、さらに古いものがみつかっている。中世、近世を通して、上層階級の住宅では、鴨居から下の壁に土を塗ったり、塗喰を塗ったりすることは普通なかった。襖と同じように木の格子をつくり、両面に紙を張り、仕上げの側の紙や布の上に絵を描いて壁に当たる部分にはめこんだ「張付」とするのが一般的であった。これに対して、数寄屋風の意匠では、色のある土壁を塗っていることが多く、土の色でいろどられた、やわらかい室内の雰囲気は意匠上の特徴となっている。そのような土塗の壁は、京都の内裏の近く、烏丸通に面し一条通の南にあった山科教言の屋敷に使われていたことが、教言の日記をみていくとわかる。教言は応永12（1405）年に屋敷地の南西部に景総庵をたてた。庵といっても8畳、12畳の間などを含む建物で、日記にはこの庵の壁を内外共に鹿子斑に塗ったと記されている。そのほかにも、この庵は、襖に唐紙を張り、床が畳床であったらしい。そうなると、数寄屋風の建物は中世にはもうかなりその姿ができ上がっていたと考えられ、これは草庵風の茶室ができ上がる前のことなので、草庵風の茶室の影響をうけて、数寄屋風の意匠ができ上がったという考えは、改めなければならないことになる。

　また、中世につくられた絵巻物一遍聖絵中の信州佐久郡の大井太郎の住居p.41 図1に、板葺の家にまじって茅葺で土庇のある建物が1棟描かれているが、目をひく古い例である。

数寄屋風書院の外観

　数寄屋風の書院は、江戸や大名の城下町そして京につくられた下屋敷や、郊外に建てられた別邸などにみられる。桂離宮をはじめ、紀州侯の厳出御殿（三渓園臨春閣 10）、時代は降るが兼六園の成巽閣、栗林園の掬月亭、水前寺公園の古今伝受の間、偕楽園の好文亭（水戸）など、現存する下屋敷の御殿はみな数寄屋風である。

　これらの建物はいずれも、庭園の中にとけこみ変化に富んだ外観をもっている。桂離宮では古書院・中書院・新御殿と雁行し、厳出御殿では川に望むだけでなく、2階からは遠くの山々への眺望がひらけていた。屋根は普通瓦のような重い感じの材料を用いることはなく、薄い板を重ねて葺く柿葺にしている。柿葺の屋根は軽やかで、やわらかい曲面をつくるのに適している。数寄屋風の書院の屋根は、ゆるい凸曲面をなすむくり屋根とすることが多い。

　軒下の土壁も白ではなく、桂離宮では少し赤味をもった黄色、曼殊院大書院 11 では弁柄色とさまざまな変化をみせている。舞良戸の桟を竪桟にし、さらに等間隔ではなしに2～3本ずつ寄せるなど変化をつけている。縁のまわりに高欄をめぐらすことが多いが、高欄の意匠にもさまざまなものがみられる。中でも、修学院離宮中の茶屋の客殿の網干の意匠は、とくに変化に富んだものである。

　また、本屋敷につくられた数寄屋風の書院には2階建・3階建のものがあった。江戸時代初期の江戸を描いた江戸図屏風の中には、武家屋敷につくられ

10　三渓園臨春閣

た2階建の数寄屋風書院が数多く認められる。京都では、東山の連峰をのぞんで2階・3階の書院がつくられた。後水尾上皇の仙洞御所にも2階建の書院が建てられたことが、寛文度の図面をみているとわかる。この書院は東をむいて建てられていた。現在残っている建物には、西本願寺の飛雲閣や、二条城本丸に移されている桂宮本邸の建物の内の常御殿などがある。桂宮御殿の常御殿は、その上に登ると、今でも京の町が見渡せて大変よいながめである。

11　曼殊院大書院
柿葺の屋根にはむくりがあり、優美な曲線をみせる。壁は弁柄色、舞良戸は竪桟である。

民家

町屋
江戸の街の生活
農家

町　屋

町屋の敷地（平城京・平安京）

　街道筋に商人や職人が家を構えると町ができる。農家の集落とちがって、家が軒を並べた景観が生まれる。さらに古代には都がつくられた。中国の制度にならって、大路や小路を東西、南北に通した碁盤目状の都市が生まれた。藤原京ではこの小路で囲まれた1町の敷地を、どのように役人にわけたかは記録されているが、庶民の住む町屋の敷地がどのように分割されていたかはわからない。

　平城京では、宅地は1町の16分の1を基準として分割されていた。1町とは、ほぼ40丈四方の面積を指すので、メートルになおすと約120メートル四方になる。その16分の1であるから約900平方メートルが基準とされていたわけである。宅地の記録には、16分の1や16分の1の半分、あるいは16分の1の4分の1という表現が用いられているところから、16分の1が基準であったと考えられる。どのように16等分したか書かれたものはないが、南北に8等分、東西に2等分されていたのではないかと推定されている。この場合、宅地は南北幅は50尺ほど、奥行は200尺ほどの奥の深い形であった。

　平安京では、拾芥抄に記された図によると1町四方の中央に南北の道を通し、その東西の敷地を南北8等分、東西をそれぞれ2等分した1町の32分の1を基準としている。この大きさは平城京の場合の半分にあたり、南北50尺、東西100尺ほどであった[1]。平城京でも平安京でも、町屋の場合、基準より小さいものも記録にしばしばあらわれる。

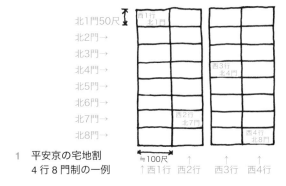

1　平安京の宅地割
　4行8門制の一例

敷地と建物

　都や街道筋の町に建った建物の姿が、具体的に明らかになるのは平安時代の後半で、年中行事絵巻に描かれた町屋によってである[2]。

　年中行事絵巻に描かれた町屋をみると、間口は2間（柱間2つ）から4間くらいで、それほど大きなものはみられない。年中行事絵巻にあらわれる町屋は、正確な図面でなく、行事の光景を描いた背景としての絵であるから、それから寸法を割り出すことはできないが、人間の大きさや、建物の高さから判断して、1間はせいぜい人間の背丈ほどであったと考えられる。それを2メートルほどと考えても、小さいもので4メートル、大きいものでも8メートルほどしかなく、大きいものでも敷地間口50尺の半分ほどにしかならない[1,2]。

　当時の記録が少ないので、間口50尺より小さい宅地がいつ頃から出てきたのかわからないが、1200年頃の記録には、しばしば1町の32分の1の宅地をさらに東西に2分した例や、間口20尺ほどの宅地の例が出てくるから、年中行事絵巻に描かれたよう

2　平安京の町屋
　　（年中行事絵巻より）

部戸　　　　　　　母屋への上り口の段

土壁　　土壁

3 信貴山縁起絵巻に
描かれた町屋

な、基準の半分以下と考えられる宅地が多くなり、古代末には軒を接して並ぶ町の有様が洛中の一般の景観となっていたと思われる。

町屋は街区の四周すべてに建ち並んでいたわけではない。拾芥抄の記事によると、それぞれの敷地は東あるいは西を間口としていたから、南あるいは北の道路に面する町屋は原則としてなかったはずである。しかし、宅地はさらに細分され、南・北の道路に面する宅地ができていた。間口（東西）5丈2尺5寸、奥行（南北）9丈5尺の宅地が東西に通る七条坊門大路に面していたとの記録があることは、東西に長い基準となる敷地の奥の部分が空地のままであったことを示している。

少し時代は降るが信貴山縁起絵巻にみられる例 ▷3 では、敷地の道路に面するほぼ3分の1あまりの部分に家が建ち、後背部の3分の2ほどは空地となっていた有様が描かれている。この後背部には、木柵が道路との間にたてられ、野菜がつくられていた。

京の内でも、屋敷地内で野菜などがつくられたかはわからないが、同様に空地になっていたと思われる。

町屋の構造

年中行事絵巻に描かれた洛中の町屋の絵からも、町屋の構造を推定することはできる。それ以上に町屋の構造がよくわかるのは、中世に入ってつくられた絵巻物信貴山縁起絵巻に描かれた町屋である ▷3。この町屋は奈良に近い所の家で、ちょうど90°に折れる道、あるいは十字路に面している。2軒の町屋は、右手のものが右を表として側面が主に描かれ、左手の町屋は正面が描かれている。

これらの町屋は、間口の間数にかかわらず、奥行方向は、梁間2間の母屋部分の前と後に1間幅の庇をさしかけた構造である。側面の妻の部分が下見板でおおわれていて、小屋構造はわからない。妻面の中央にある柱が梁下でとまっているから、棟木は梁上に建つ束か、叉首で支えられていたのであろう。

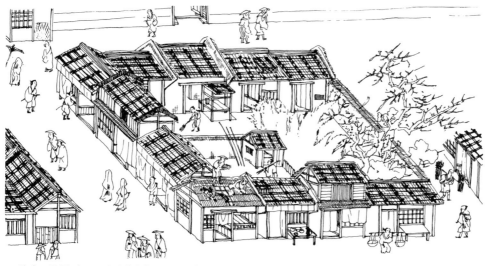

4 洛中の町屋（旧町田本洛中洛外図屏風より）

屋根は長板葺で、母屋の部分と庇の部分が別々にかけられていた。庇の部分の方がややゆるい勾配であった[注3]。

町屋の平面

　年中行事絵巻や、信貴山縁起絵巻に描かれた町屋は、間口の右側半分に入口を設け、左側半分を窓としている。図3の信貴山縁起絵巻に描かれた町屋では、左手の家は間口は4間と考えられ、右側半分の中央部にほぼ1間ほどを入口としている。同じ場面の右手の家や、年中行事絵巻の町屋の内には入口に内開きの板戸を設けているのがみられるから、この左手に描かれた家でも、入口の向かって右手の柱をつりもととした内開きの板戸を設けていたであろう。

　向かって左側の2間は中央に柱をたて、下部を土を塗った壁、上部を窓としている。窓には外につき上げた蔀戸があった。年中行事絵巻に描かれた町屋では、窓の外に窓台の高さに板を出して商品を並べ

ている家もみられる。信貴山縁起絵巻中[注3]の左手の家では、入口を入った庇の部分の内も入口からみえていて、この部分がすべて土間であったことがわかる。さらに奥の母屋の部分は、暖簾がかかっている入口の奥が土間であったが、窓の部分の奥は上り口の段と格子戸および壁が描かれていて、板敷の床が貼られ、建具や壁で囲まれた部屋になっていたと考えられる。おそらくこの部分が寝室だったのではなかろうか。奥の庇の部分はどこにも描かれていないのでわからないが、表と同じく土間だったのであろう。

　このようにみていくと、古代末から中世はじめにかけての町屋は、入口の内は奥に通じる土間（通り庭）、窓の部分の内部の母屋にあるところに、板敷の床をもつ部屋を設けていたことから、通り庭にそって3室を配置した平面を基本としていたことがわかる。この間取は、その後現代にまで通じる京都と、京都の影響圏にある町屋の、通り庭をもち通り庭にそって部屋を表から3室並べた平面の原型になったと考えられる。

5　洛中の町屋（上杉本洛中洛外図屏風より）

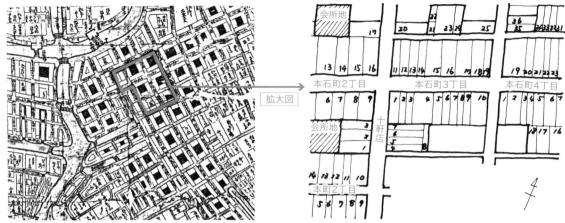

6　江戸初期の日本橋近辺（寛永江戸図より）

7　復原された幕末の本石町付近　（玉井哲雄氏による）

中世の京の町割

　中世になると、京の町は絵巻物や洛中洛外図屏風に描かれるようになる▷4,5。京の街区は、方形の1町の周囲に町屋が建ち並び、中央部を空地としている。古代末すでに南北の道路に面する町屋ができていたから、口字形の街区ができることは想像できるが、みな口字形になっているのをみると、平安京で、街区の中央に南北に通した道路に面していた町屋は、どうなったのか疑問が生じる。平安京の右京は、すべて家でうまったわけではないといわれているから、左京においても32等分された、それぞれの街区はすべて町屋が建ち並んだのではなかったのかも知れない。とくに条件の悪い中央に通した道路に面する部分には、家がほとんど建たなかったのではなかろうか。そして、条件のよい南側と北側の表の道路に面する側に、家が次第に建つようになったのであろう。この中央部には、井戸や便所のような周囲の町

屋の人々が、共同で使う施設がつくられたことが洛中洛外図屏風から明らかになる▷4。

　中央を空地とした街区は、江戸時代のはじめまで京ではかなりあった。寛永14年につくられた京の実測地図である洛中図をみると、その空地の部分に大名屋敷がつくられている所が多い。大名が京に屋敷を構えようとしたとき適当な空地がなく、街区の中央にあった空地に目をつけ、ここに家を建てたのであろう。

　また、京では豊臣秀吉が街区の中央南北に道をつけさせ、この道に面する所にも家を建てるようにしたと伝えられている。京の中央部の街区は、洛中図をみると南北の道路で2分されている所が多い。しかし、徳川家康は江戸の町を開いたとき、中央に空地をもつ街区を江戸の町割の基本としている。名古屋でも同様であった。江戸のその後の様子をみると、日本橋近くの本石町、本町あたりでは、街区を1：2に分けるように一方によって道ができている▷6,7。

8　洛中の二階屋
祇園祭の光景である。
（上杉本洛中洛外図屏風より）

9　大角家住宅
大きな屋根の部分が店。本陣として
大名の休息に使った書院は、左手の
門の内に別棟となっている。

二階屋

　応仁の乱後の京の様子を描いた、洛中洛外図屏風
をみるとわずかではあるが、二階屋がみられる▷8。
しかし、その数は決して多くはない。せいぜい１つ
の街区に１〜２軒である。室町時代の末に織田信長
が当代一の絵師狩野永徳に命じて京の様子を描かせ、
上洛の夢を果たせなかった上杉謙信に贈った、とい
われる洛中洛外図屏風▷8が現在上杉家に伝えられ
ている。この屏風をみると、わずかな期間に二階屋
がふえたことに気づく。町によっては二階屋が建ち
並んでいる。さらに、３代将軍家光の頃の江戸の町
を描いた江戸図屏風をみると、江戸の町は二階屋が
軒をつらねている。今の銀座通をみると、３階建の
家がみえる。壁を白く漆喰でぬり固め、瓦葺にした
姿は城の隅櫓のような構えである。江戸の内でも、
このようなつくりは、新橋から日本橋への表通りだ
けにしかみられない。
　町屋の２階は表通りからみると、丈が大変低くみ

える。写真で示した大角家▷9は東海道の六地蔵に
あるお休本陣で、薬屋を営んでいた。通りに面した
店は、上からおとしこむ雨戸だけで、昼間は全部あ
け放すことができた。店先には床几があり、旅人た
ちは気軽に腰をおろし、湯茶の接待をうけたのであ
ろう。
　１階にくらべ２階は極めて低く竪格子が入ってい
る。２階の表側の格子の内は頭がつかえて立つこと
ができない家が多いが、側面をみるとわかるように
２階の屋根は大きく、奥では十分な高さがあった。
従って、通りに面しない奥に座敷を設ける家が、時
代が降ると共に多くなっている。表２階の軒が低い
のは当時、藩が禁令によって、制限を加えていたた
めである。旅宿や遊廓など２階に座敷を設ける必要
のあるものだけは例外で、江戸時代の後半には高い
２階がみられた。金沢の茶屋街▷10では、遊廓を廃止
したとき、高い２階を普通の２階に改めるようにと
の藩の指示が出されている。

10　金沢・東の茶屋街
旧三番丁の通り。２階の高い町屋が軒を
つらねている。城下町時代の面影をよく
残している数少ない町並である。

11　金沢・旧三番丁の町並

敷地の間口と建物の間口

　町屋の敷地は、間口がせまく奥行が長い短冊型をしている。敷地割をしたときの指図をみると、ちょうど何間、あるいは何間半といったととのった数で、尺寸単位の端数がついていることはまずない。また、そこに建てられる建物の図面をみても、あまり細かい端数はなく、3間間口の敷地に間口3間の家が建つということがよくある。家の間口は、京や近畿地方では柱の内法ではかり、江戸などでは柱の中心からはかるから、建物と敷地の間口が同じなら京では両側それぞれ柱の寸法、江戸ではそれぞれ柱の半分だけ建物が敷地からはみ出してしまう。隣の家と境の柱を共有していればそれでいいが、どちらの家も端に柱をたてるのが普通であり、その間にすきまがあることが多い。この矛盾を解決するために、土間である通り庭 ▷ 13 の部分の幅を少しちぢめて加減をするのだという話がある。土間の部分は台所で、畳

を敷く中の間や奥の座敷とちがい、畳の寸法にとらわれることがないから、実状にあわせて幅を加減することができるというのである。

　ところが、京都などで宅地割を実測した報告をみると、敷地の間口が間あるいは半間といった、ちょうどの数であったという例はみられない。そこで、町割をしたときの寸法がはっきりわかっている金沢の東の茶屋街を実測してみることにした ▷ 11、12。ここは、茶屋街ができてから建物も現在まで焼けずに残っている所である。実測の結果は、建物はどれも半間以下の端数はなく、かえって敷地間口に端数があるということになった。この端数は間口の広さに関係なく20〜30センチほどで、ほかの町はどうかわからないが、ここでは建物を敷地にうまく収めるために、にげの余裕をもたせていたのである。そして、その余裕のすきまをうまく利用し、両側の家から床の間や押入をはり出していることが多い。

12　金沢・東の茶屋街の町割（文政3年）

13　金沢・材木町の町屋の通り庭

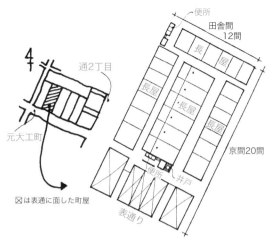

14 江戸・元大工町の裏長屋（元文2年の沽券図による）

裏長屋

　江戸など大きな都会では、職人などの町人が裏長屋に住んでいた話がよくでてくる。九尺二間の裏長屋とよくいわれるが、それがどのようなものであったかは、あまり知られていない。18世紀から19世紀頃の沽券図によると、日本橋近くの本町や元大工町などでは、通りに面した町屋の裏に長屋がある所が多かった [14]。間口12間ほど奥行20間の敷地の表に、数軒の家が軒をつらねた奥には5〜6戸から10戸くらいの棟割長屋が、4〜5棟並んでいた。間口1間半あるいは2間、おおむね土間と畳敷の1部屋か

ら成る間取で、井戸や便所はそれぞれの家にはなく、4〜5棟の長屋の人々が共同で使う井戸や便所が設けられていた。

　図15は、大阪の大工の長屋である。幕末の様子であるが、この図の右手には表通りに面した大工の組頭の家があった。間口5間、奥行20間（1間は6尺5寸）100坪の敷地の表側半分ほどに組頭の家が建っている。間口の東より半間が奥に通じる路地になっていて、長屋の住人はこの路地から出入りしていた。組頭の家と長屋の間に納屋があり、納屋の前にゴモクバ（ごみため）・便所・井戸がある。便所・井戸は長屋のそれぞれの家にはないから、ここでも共同である。長屋は5軒連続で、間口2間の住居が4軒並び、一番奥が少し小さい間口1間半になっている。間口2間の住居は、向かって左手に入口があり、その内の幅1間・奥行5尺が土間である。土間の奥に2畳の部屋があり、その奥が4畳半の主室で、4畳半には1間半の押入がついている。入口の土間の右手は連子窓のある台所である。台所は1坪ほどの土間と3尺幅の板敷・1畳の畳敷の部分にわかれている。土間にはかまどや流しがあったと思われるが書き込みはない。

　大工の図で、設計図であるところから一番端にこの家の軸組を描いている。これをみると入口の土間の部分を下屋（げや）にしていることがわかる。

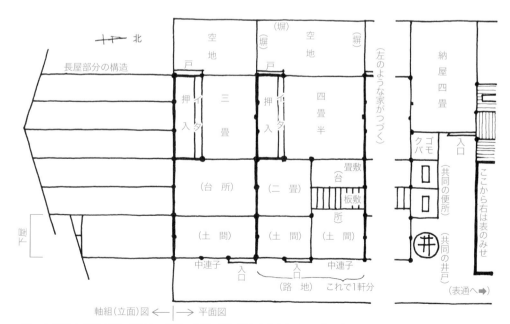

15　大阪の大工の長屋（幕末）　組頭の住居の裏に職人を住まわせる長屋があった。

江戸の街の生活

江戸の街と町屋

　火事は江戸の華といわれる。江戸の街には、多くの火の見櫓がつくられた。武家屋敷にも、屋敷内に火の見櫓のある例がしばしば見られる[1]。明暦の大火で、江戸の街は家康以来の様相を一変した。防火のための施設がつくられ、またお触れも出された。しかし、火事は一向に減っていない。明和9（1772）年の目黒行人坂の火事は、明暦大火につぐ大火となった。行人坂大円寺の坊主真秀の放火に端を発した火事は千住にまで及んだ。その前後の様子が一巻の絵巻として残されている。

　絵巻の一景として町火消の梯子のりが描かれている[2]。背後にみえる町屋は、右が薬種屋、左が米屋である。米屋には、米を搗く臼がみえる。薬種屋をみると間口いっぱい畳敷の店で、京を中心とする近畿の町屋のような通り庭（土間）はない。

　英一蝶の描く江戸の正月風景[3]では、町屋は表の雨戸を閉している。門付けの芸人が表で歌い、祝言をのべ、米・銭を乞うている。くぐり戸をあけて門付けに渡しているところが描かれている。道では武士が年頭の祝詞を交しているのであろう。

　大きな看板と共に描かれた大店[4]は、夜で雨戸を下している。雨戸は2段にわかれていて、指物の上に上げて開く。間の柱をとりはずせば、間口をすっかり明け放すことができる。この方式は江戸だけではない。くぐり戸のある部分は、全体を内側へ釣り上げたり、くぐり戸の高さまで取りはずせるようにし、上の部分だけ指物の上に上げるなど工夫している。また、職人の家では、冬など昼間は雨戸と同じ形式の横に長い障子をはめこんでいる。

　どこの町でも、火事にそなえて土蔵をつくる。江戸ではとくに火事が多く、大火がしばしばあったので、漆喰で塗った塗屋や、土蔵と同じような防火的な土蔵造が生まれた。今では浮世絵からしか江戸の土蔵造や塗屋の様子を知ることができないが、小江戸と呼ばれた川越の街には土蔵造の店が今でも残っている。

1　火の見櫓

2　梯子のり

3　正月風景

4　大店の表

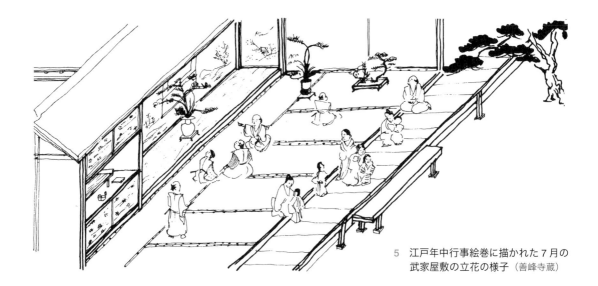

5 江戸年中行事絵巻に描かれた7月の
武家屋敷の立花の様子（善峰寺蔵）

すまい

　武家屋敷や大店の座敷では、季節と共にさまざま
な年中行事がくりひろげられた。図5は、武家の書
院で行われる立花の様子である。3月の雛祭・5月の
端午の節句・月見・菊見など、今に残る行事も多い。
鍛冶屋の鞴（ふいご）祭りや、商家の夷講など職業独特の行
事もあった。

　座敷には、間口2間の大きな板床の床の間や違棚
が設けられ、床の間には中央に花が生けられている。
襖や壁には武家では絵師によって絵が描かれている。
町屋では、禁令で絵を描くことが禁じられたため、
絵巻や浮世絵でも、ほとんどの場合木版刷りの唐紙
が用いられている。

　図6は、町屋の内側である。中央で帳簿をみるの
は商人の妻、左で算盤を入れているのがその娘、そ
して縁にこしかけているのが下女である。左上の暖
簾のむこうは店なのであろう。江戸の町家では、表
の通りに面して店をつくり、その奥に内向の部屋を
配し、一番奥を台所の土間としていた。妻と娘が帳
付けをし、下女は大根をかいている。画であるから、
正確なことはわからないが、縁の上のかまどの上に
のっている釜があまり大きくないから、使用人など
ほとんどいない小さい店だと思われる。かまどの横
には水がめがある。そこらの街にある普通の店の生
活を描いたのであろう。

6　町屋の内側

釜
かまど
水かめ

7　あかり

8　炬燵（英一蝶／江戸名所年中行事絵巻より）

10　蚊帳（歌磨／婦人泊り客より）

炬燵と蚊帳

　冬の生活で欠かせないのは火鉢▷9と炬燵である▷8。炬燵には、櫓を置きその内に火を入れる置炬燵のほかに、1尺5寸から2尺四方ほどの炉を切って火を入れ、その上に櫓を置く形式とがみられる。

　炬燵に火を入れるのは武家では10月の初亥の日、町屋では第2の亥の日ときまっていた。その日に火を入れると安全と信じられていた。

　夏は蚊帳と蚊遣である▷10。竹の骨でつくられた母衣蚊帳が子供のために使われている。

台所

　台所は日常生活の場である。図11の台所は江戸の町屋の台所であろう。帳簿の上方に描かれているのは桿秤であろう。左上にはかまどが縁の上につくられている。釜と鍋がかけられている。その右手は水がめである。大きな家では、台所の土間にかまどが並んでいる。御飯を炊き、湯を沸かす大釜をかける大きなかまどが独立してつくられるほかに、なべをかけるかまどがいくつか連なるのが普通である。かまどのたき口は江戸では縁の方をむき、京・大阪

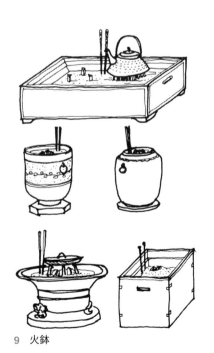

9　火鉢

11　台所

12　台所の様子

では土間の方をむくと守貞漫稿に記されている。地域によって囲炉裏も町屋につくられている。

　図12は歌麿の台所美人に描かれた台所の様子である。火吹竹で火をおこす人、湯をくむ人、皮をむく人、うつわをふく人がみえる。この図では、土間にしゃがんでかまどをたいている。

　台所にはかまどのほかに、「水走り」すなわち流しがあった。流しは今のように立って使うのではなく、座って使ったので、土間や板敷の所に直接置かれていた。そのかたわらに井戸を掘るか、水がめ・桶などを置いている。

井戸・洗濯

　大きな家では、土間に井戸が掘られ、つるべが設けられるが、表通りに面しない裏長屋ずまいの人々は、普通共同の井戸を使っている。図13では、右手には丸い井筒とつるべの綱がみえる。そのそばで、たらいを使って洗濯をしているが、たらいの向う側に下駄をかって、少し手前に傾斜させているところが面白い。頭の上は伸子張である。手前には、山出しの下女が、天秤棒を使って水を汲んで運んでいくところが描かれている。長屋の人々は、共同の井戸から炊事用の水を運ばなければならなかった。井戸端には水汲みや洗濯に人が集まり、世間話に花が咲いたのである。

13　洗濯

湯殿

　図14は豊国の描く湯殿の情景である。沐浴の形式には、蒸風呂、深い桶に湯をくみ入れて入る場合、浅いたらいを使う行水の3通りがみられ、この図のような深い桶の場合が一番多い。この図は吉原の遊里の湯殿を描いたもので、その場所も広いが、普通は桶をおき少しその外に余裕をとる程度である。浮世絵には、湯上がりが色っぽく、しばしば題材として扱われている。

　体を洗うのに、ぬか袋が使われていた。普通の家ではこの図のように人に背中を流してもらうようなこともない。

　むこうの棹に衣類と共に、左端にかかっているのはお守りである。

14　湯殿

木引

　木場では、原木を商品とするために、柱・板などの寸法に合せて製材をしていた。図15は、鍬形蕙斎の近世職人尽絵詞に描かれた木引で、丸太で材をたてかける台をつくり、前引という刃の広い製材用の 鋸 で材を引いている。上の方は、材の上に乗って、下の方はむしろを敷いて下から鋸を使っている。足がかりのための縄や、鋸を引きやすくするための 楔 など、細かいところまで描かれている。手前では鋸の目立てをしている。

15　木引の様子（近世職人尽絵詞より）

大工

　図16は同じく鍬形蕙斎の描いた大工たちである。上の段は左から、墨壺をぶらさげて垂直をみているところ、次は「のみ」で穴を掘っているところ、次は 鉋 をかけているところ、そして一番右は、また「のみ」を使っているところである。下の段は鋸を引いているところと、手斧を使っているところである。

　これらのうち鉋は近世に入って普及し、さらにさまざまな発展をみせ、多くの形式が生まれた。またL字型の曲 尺も描かれている。

16　大工たち（近世職人尽絵詞より）

大工の棟梁

　大工という名称は、もともと木工職人だけに使われていたわけではない。いろいろな職種で、職人の身分をあらわしていた。近世に入ると現在のように木工職人を大工とよび習わすようになった。その大工には、近世とくに江戸時代には、地域的な大工集団の長である組頭や、技術的な地位を示す棟梁・大棟梁・大工頭などの名称が使われるようになる。

　棟梁は、建築工事を進める責任者で、設計・見積・現場監理・会計などを一切とりしきっていた。棟梁の最も華やかな晴の舞台は上棟式である。

　江戸時代の上棟式は、現在とちがい、図17のように建物が完成した後、屋根の上で行われる。屋根の上に足場をつくり式場が用意された。本格的な大工事では上棟式が終ると、仏式により安鎮法を行い、その後入居のはこびとなっている。

屋根の上
のかざり

屋根

17　江戸時代の上棟式

18　屋根を葺く（北斎／富嶽三十六景より）

19　柿葺の様子（近世職人尽絵詞より）

20　上塗の様子（近世職人尽絵詞より）

屋根を葺く

　屋根を葺く光景は、洛中洛外図屏風中をはじめ、街を描く図にしばしばあらわれる。図18の瓦屋根を葺いているところは、北斎の描いた富嶽三十六景の内の、江戸駿河町三井見世略図の一部である。正面にくっきりと富士山が浮び、凧が上がっている。正月の風景であろうが、三井呉服店では正月から早々と工事が進められている。瓦の描き方から、現在と同じような桟瓦と思われるが、引掛桟瓦ではなく、葺き土を必要としたのであろう。下から上へむしろで包んだ土をほり上げている。あるいは棟積の土かも知れない。

　江戸では、隅田川を描く風景の中に、今戸の瓦焼がたびたび出てくる。瓦焼のかまどからたち上がる煙や、瓦を干すところが描かれている。

　普通の町屋は、柿（こけら）葺が多かった。柿は木の薄い割り板で、少しずつずらして何枚も重ねて、軒から棟へと葺き上げていく。図19は鍬形蕙斎が描いた屋根葺であるが、右の人物など竹釘を口に含んで打つところまでよく観察している。

　板葺には、柿葺のほかに栩（とち）葺・木賊（とくさ）葺がある。板の厚さで呼びわけられていて、柿が最も薄く、栩・木賊と厚くなる。最も多く使われるのが柿葺で、木賊葺は仙洞御所の御殿のような格の高い建物に使われている。そのほか、中世の住宅に使われていたような長い板を使い、上から押さえる葺き方もあるが、町屋でもほとんど使われていない。地方では、板葺屋根の上から石で押さえた石置屋根や、山間部にみられる栗の厚板を用いた板葺屋根などがみられる。

　桧の幹の皮で葺く桧皮葺も住宅の屋根に用いられることがあるが、木賊葺と同様に格の高い建物に多く用いられている。そのほか杉皮葺や茅葺もある。

左官

　壁は通常土壁を塗る。下塗に藁すさの入った練土をつけ、中塗・上塗と重ねるが、漆喰で上塗をするほかに、町屋や農家、そして数寄屋風の書院では色土を使うことが多かった。

　鍬形蕙斎は近世職人尽絵詞の中に、土蔵の下塗の場面を描いている。たくさんの人夫が土をこね、土の団子をつくり、小舞竹に土をたたきつけて厚い壁をつくっている。

　図20は、外の壁の上塗を描いている。足場の上で小さな鏝をもって壁を塗っているのは年輩、衣服から頭（かしら）ではないかと思われる。土蔵造などでは鏝でさまざまな装飾を施すようになる。

21　地形の様子

地形

　戦後みられなくなった作業の1つに、基礎を突き固める地形がある▷21。これは鳶の仕事で、足場に上ったたくさんの人夫が、心棒（あるいは蛸といった）につけた綱を引き、心棒の重みで基礎固めをする。足場の下で1人綱を引いているのを根取といい、固める位置を定めた。土蔵の場合には杭を打ったり、石の礎石を打ちこんだりするので、心棒の目標を定める根取の仕事が重要になる。

　戦前によくみた地形は、この図のような足場に上って直接綱を引き心棒をもち上げるのではなく、上に滑車をつけて心棒につけた綱を引き上げていた。滑車にかかった綱はその先で数本にわかれ、地面の上で、人夫たちが綱の先を引いていた。その中の1人が音頭をとって歌声を合わせながら引いていたのを思い出す。男だけでなく、女の人もたくさん混っていた。その掛声から、地形のことを「よいとまけ」と呼んでいた。いまはすっかり機械化し、動力で飛び上がって突き固めたり、振動で突き固めたりしていて、掛声も歌声もなく、工事がはじまったなという感じが湧いてこない。

鍛冶屋

　建築工事と鍛冶屋は密接な関係がある。木工事に釘はなくてはならないもので、釘は鍛冶屋がつくった。四角い断面をし、頭をくるっと巻いた釘が使われた。大小さまざまな釘が多数必要だったはずである。図22に岩佐勝以筆の職人尽図巻中の鍛冶屋を図示したが、釘をつくっている鍛冶屋の図は珍しい。手前の箱は鞴である。釘のほかに、鍛冶屋はかすがいや肘壺など建築金物をつくった。

　鍛冶屋のつくる金物は鉄製であるが、建築にはそのほかに銅板でつくった釘隠や蝶番などが必要である。これらは鍍金したり、表面に細かい模様をつけたりして、装飾性がつよい。これらの金物を錺金物と呼んでいる。

22　鍛冶屋（職人尽図巻より）

畳屋

　藁を打ち、糸を刺して畳屋が畳の床をつくるところと、表をつけ「へり」をぬいつけているところを描いている▷23。右手の人の上にあるのは糸の束、その上に束ねられているのは「へり」であろう。

23　畳屋

農　家

絵巻・屏風に描かれた農家

　先史時代以来、日本列島に住んでいた人々の大多数は農業を営んでいたはずである。例えば、弥生時代の集落である登呂の遺跡では、あぜがつくられ水田が規則的に区画されていた。縄文時代から弥生時代をへて、奈良時代、平安時代にも各地で発見される竪穴住居は、農家であったと考えてよかろう。しかし、江戸時代になって実際に建物が残っているようになるまで、古代、中世の農家については史料がほとんどないといってよい。そこでまず、絵巻物や屏風に描かれた絵の中から、農家と考えられる建物をいくつか拾い上げてみた。

　信貴山縁起絵巻では、都から信貴山へむかう途中の農家がみられる [1]。板葺の切妻屋根がみえ、妻には魔よけの的がある。平側2面に庇が母屋より少しゆるい勾配で加えられている。この絵巻の家は竪穴とすれば屋根が低くなりすぎ、丘の後になって屋根だけ描かれたと思われ、平地住居と考えられる。信貴山縁起絵巻は12世紀後半の絵巻である。

　1300年頃描かれたとされる一遍聖絵には、各地の農家がみられる。一遍の行状につれて、信州善光寺の門前あるいは近くの農家、桜井の農家、当麻寺の

1　信貴山縁起絵巻に描かれた農家

農家など数多く登場する。それらの農家はやや類型化されているから、必ずしも写実とはいえないであろうが、描いたとされる法眼圓伊が見たことのある農家が基本となっていると考えられる。

　図2の桜井の農家は、草葺の主屋と、これに直角に棟をみせる板葺の付属屋が接続している。主となる草葺の部分は、寄棟草葺の母屋の周囲に板葺の庇をめぐらしているが、妻側2面は土壁をぬりこめ、平側の1方は吹き放しで板敷である。妻側の庇の1方は土間であったらしい。庇と母屋の間には扉があるようにもみえるが、壁かも知れない。背後に尾のように付属する板葺屋は主屋より軒が低い。描かれている平側2間のうち右手は敷居を入れ、内開きの扉がみえる。内は土間である。入口の左手は壁にみえるが、細かい横線が書きこまれていて土壁ではなさそうである。あるいは簾かも知れない。下に長押があるから、この部分は板敷と思われる。

　一遍聖絵中の農家は、単純に1棟のものはみられない。この絵のように卜字型に構成された建物は他にもいくつか描かれていて2棟が組合わされるのが多かったと思われる。

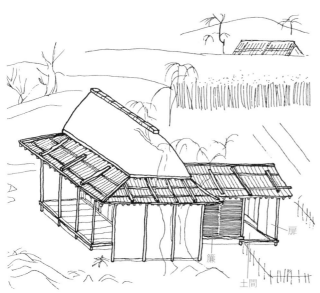

2　一遍聖絵に描かれた桜井の農家

3　洛中洛外図屏風に描かれた洛外の農家（室町時代）

室町時代に描かれた洛中洛外図屏風には、洛外すなわち京都近郊の農家がみられる▷3。入口の付近は土塗の塀をめぐらし、屋敷の内に茅葺切妻屋根の建物6棟が並んでいる。そのうちの4棟は壁面がみえているが、いずれも中央を入口とし、その右あるいは左の壁面に連子の入った窓を設けた同じ形式の建物として描かれている。これらが1軒であったとすれば、相当裕福な農家であったことになる。

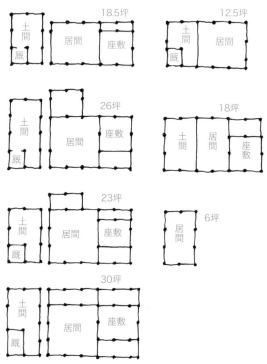

4　享保12年の下野岩原村の農家の間取
左は分棟型である。

下野の村

江戸時代に入った正徳2（1712）年の例であるが、下野国下横倉村の33戸はすべて平面の図面が伝わっている。そのうち百姓は31戸で、最小は6坪（4戸）、最大は60坪であった。その中で注目しなければならないのは、土間を別棟にした分棟型の農家が6戸あることである。分棟型といっても、床のある棟と土間の棟とは接して建てられ、接している部分には壁をつくらず、屋根が接する谷には大きな樋をかけるから、平面は全く一体となっている。比較的規模の大きいものにみられる。

図4に示した平面は、享保12（1829）年の下野国岩原村の代表的な間取をかかげたものである。ここでも下横倉村と同じように6坪から34坪余のものまで1村34戸の平面図が伝わっている。岩原村では、最も小さい6坪の一室型が3戸あり、それを含んで20戸が1棟から成っているが、残りの14戸は図4の左側に示したような分棟型である。この場合もある程度以上規模が大きくなると分棟型になるようにみえる。しかし、図中の一番上にある18.5坪の例と12.5坪の例を比較すると、この2つの民家の相違は座敷があるかないかであることがわかる。どちらも居間の大きさは全く同じである。8畳の座敷が加わっても桁行が2間のびただけであるから、それだけでとくに土間を分離しなければならない理由はない。

分離した土間の部分にしても1坪面積がましているだけで、その中に厩を含むその構成にとくに変化はみられない。また、厩はないが、同じ岩原村の中に、ほとんど同じ規模で1棟の家もみられる。図中の右列中央の18坪の例がそれで、この18坪の家と18.5坪の例がなぜちがった型をとるようになったかは、平面図をみただけでは説明できない。

分棟型のものは、居間のある棟と土間の棟が半間ほどの一定の間隔で並んでいるから、現存している旧作田家住宅▷5のように、中ではつながっていたと思われる。

分棟型の方が少なく、その後次第に分棟型が消滅していったことは、規模が大きくなると分棟型になるのではなく、分棟型の方が古くからあった形式であるということになろう。

5　旧作田家住宅
もと千葉県九十九里町にあった建物で、川崎市の日本民家園に移されるにあたって復原された。17世紀末頃に建てられたと考えられる。典型的な分棟型の農家である。

分棟型の農家

　分棟型の家は、東北地方の東南部から関東地方の東部、東海地方をへて鹿児島、沖縄と日本の太平洋岸地帯に分布している。日本の民家の中で1つの独特の形式と考えられるが、あまりまだ研究が進んでいない。同じ分棟型といっても、土間と床上部が内部で全く一体になっているものから、全く別れてしまっている奄美群島の例までさまざまである。共通しているのは、いずれも炊事をする場所を別棟としていることである 6。

　関東地方では、島のものを除くと、茨城県の北部から南へ千葉県の南部まで分棟型が知られている。しかし、先の下野国下横倉村や岩原村の例をみると、江戸時代のはじめから末にいたるまで下野国、現在の栃木県のような太平洋岸ではない内陸部まで、かなりの数の分棟型が存在したことが明らかである。従って、分棟型が存在したのは、太平洋に面した沿岸地域ということではなく、江戸時代には日本列島を日本海側と太平洋側に分けた、大きな意味での太平洋側に分布していたと考えてもよさそうである。火を扱う部分を別棟にした分棟型は、日本の住居の源流を考える上で、手がかりを与えるものと考えられる。

　太平洋をへだてた南の島の方には、高床形式の住宅をもつ民族の中に、火を扱う部分を分棟にしている人々がある。例えば、パプア・ニューギニアでは居住部分を高床にし、火を扱う別棟を土間にしている。中には石を築いて土間の棟の床を高床と同じ高さまで上げている場合もみられる。これらとかかわりがあるかどうかわからないが、同じような性格の住居と比較してみる必要もあろう。

　分棟型の家の外観は、棟が平行にならないのが普通である。向かって、床のある部分が横に長い平面であるのに対し、土間の部分が奥に長い平面であるからである 7。

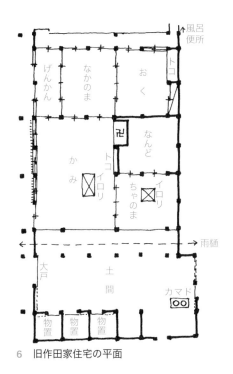

6　旧作田家住宅の平面

7　一遍聖絵中の信州善光寺門前の農家
柵で囲まれ多くの建物で構成されている。主屋は東西棟、南北棟の2棟が接する構造ではないかと思われる。

農家の構造

　農家の構造は、地域によってそれぞれ特色がみられる。しかし、大きく分けると基本的に3つの形式と考えられる。

　その内の1つは、合掌による構造である▷8。飛騨白川村の合掌造でよく知られているように梁の両端に合掌を立て、三角形を形成して屋根をつくる。この構造は全国各地の比較的古い農家に広く用いられている。もう1つ、合掌による構造と共に古い構造形式と考えられるのは、梁の上に束をたて棟木を支える方法で、棟木と軒桁の間に垂木をかけて屋根を形づくる。この方法と合掌による方法とのどちらがより古い構造形式かは、16世紀以前にさかのぼれる農家がほとんど残っていないところから、明らかにすることはできない。

　3つ目の構造形式は、和小屋である▷9。梁の上に多くの束を立て、母屋や棟木を支える。束同志を貫でつなぐので、屋根裏を見上げると縦横に組まれた貫が幾何学的である。この形式は、江戸時代に入って時代が降るほど多くなり、幕末にはこの形式が大半を占めるようになる。和小屋は、寺院建築では中世になって生まれ発達した構造である。支配階層の住宅でも、合掌すなわち叉首組の構造から、中世になって和小屋に変っている。農家の場合には、前述のように16世紀以前にさかのぼれる建物がほとんど残っていないところから、和小屋がいつから農家に使われるようになったかわからない。ただ3つの構造形式の内で、最も後から使われるようになったことだけは推定できる。

　このほかに寝殿造の母屋・庇と同様に、農家にも梁がかけ渡される中心の部分と周囲につけ加えられた部分とがある。農家では、寝殿造の母屋に相当する中心になる部分を「上屋」と呼んでいる。庇に相当する部分は「下屋」と呼ばれている。上屋と下屋の別は古い農家では構造上明確であるが、例えば古井家の平面▷10でわかるように、下屋をとりこんでいる間取では周囲から半間ほど入った部屋の中に柱が並ぶことになる。この柱が使用上邪魔になるので、梁のかけ方を工夫してとり除くようになる。

　農家の構造は、細かくみれば地域ごとに特有のところがあり、相互の影響関係からさまざまな発展形

8　合掌造
農家の屋根構造は、合掌によるものと、和小屋形式によるものとの2つが典型的である。
合掌造は太い合掌が何本も立上がり、屋根裏に力強い構成をみせる。

9　和小屋
和小屋は縦横に太い梁が組まれるが、その上に立つ小屋束や貫は細いので、繊細な印象を与える。貫の通し方でも年代が判別できる。

式があらわれる。上屋と下屋の関係をみてもさまざまな形態があるから、それらを発展段階を追って検討することは大変むつかしい。

農家の平面形式

　古い農家ほど、開口部が少なく外回りは壁の部分が多い。平面を示した千年家の1つ、兵庫県の古井家▷10, 13〜16 も、復原された姿は南面以外ほとんど開口部がない。もう1つ古井家と共に平面を示したのは、もと神奈川県の登戸にあった清宮家▷11 である。清宮家がいつ建てられたか正確なことはわからないが、17世紀、江戸時代初期と推定されている。この農家も復原された姿は南面以外開口部はない。

　古い農家ほど平面が単純である。土間に面した部屋が1部屋になっていて、家族の生活部分が広い平面は一般に古い形式と考えられる。座敷のような接客の部分は、時代が降るほど立派になる。時代が降るに従って生活が複雑になるから、間仕切も多くなり、さまざまな平面があらわれる。

　江戸時代の農家の典型的平面として、床のある部分が田の字型をした田の字型平面▷11、あるいは四間取平面があげられるが、ととのった田の字型とは限らず、間仕切がくいちがった4室から成っている平面が全国に分布している。平面を示した山本家はととのった田の字型平面の例である▷12。山本家の復原された平面では、南面奥の部屋を座敷とし、土間に面する2部屋には共に囲炉裏を設けている。座敷の裏にあたる部屋は納戸で寝室である。同じ田の字型の平面でも、地域によってその使い方はちがい一定していないが、土間に面する北側の部屋に囲炉裏を設け、家族が集まる部屋としていることが多い。

　上層農家では、役人を迎えるなど晴の場にあてるために早くから床の間などを備える座敷を設けているが、その場合、座敷を別棟にしたり、主屋につけ加えたりし、座敷部分に直接上がることのできる玄関を設けている。

農家の構成

　農家は相当規模が小さい場合は別として、普通、主屋1棟だけということはない。農具や収穫物を収めておく納屋や厩や倉など、農家として実用的な建物が敷地の中に建つ。その構成は、地方によって異なり、風土の影響を受けている。寒い所では厩を主屋にとりこんだり、主屋に付属させたりする。また、農作物の収穫作業のための広い庭も必要になる。

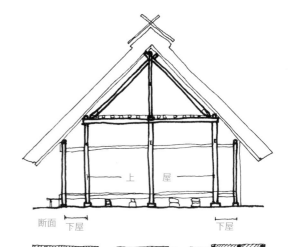

断面　下屋　　　　　　　上屋　　　　　　　下屋

平面

10　古井家（復原）

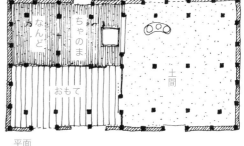

11　旧清宮家平面（復原）

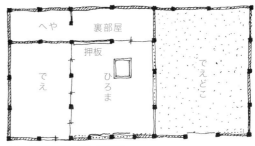

12　山本家平面・四間取（復原）

　上層農家では以上のほかに、役人を迎えるための座敷を別棟にしたり、長屋門や茶室などを建てる場合などがみられる。

13　古井家　外観

14　古井家　土間からみた茶の間

15　古井家　おもて
天井は竹の簀の子、下屋部分は屋根裏がみえている。

16　古井家　なんど　小さい窓が１つしかない。

現存する古い農家

　現存する最も古い農家として知られているのが、兵庫
県の千年家である。千年家、すなわち千年もたった家と
呼ばれている農家は、現在２棟ある。箱木家と古井家で
ある。古井家▷ 10, 13～16 は、箱木家よりやや新しいとされ
ているが、16世紀までさかのぼることができるかも知れ
ない。

　全体の様子は古井家の方が古い形式を伝えている。
例えば、外観は軒先が頭がぶつかるくらい低く、周囲は
大半が土壁で開口部が少ない。内部は半分ほどが土間
であり、床のある部分も土壁や板囲で区画し囲んでいる。
とくに寝室にあたる「なんど」はほとんど窓もない。

　工具も、当時は鉋もないから丸くなった刃の手斧で柱
も板もはつって仕上げている。そのため壁の板や床板、
柱、桁、貫まですべてうろこ状に模様がついたようにみ
える。

　構造的には、p.89に図示▷ 10 したように、梁をかける
上屋を中心にその外観に下屋をつけ加えた形式である
が、周囲を縁にするわけでなく、下屋の部分を部屋の中
にとりこんでいるので、部屋の中に上屋梁をうける上屋
柱が独立してたってしまう。囲炉裏のある「ちゃのま」
は板床ではなく、竹の簀の子上にむしろをしいている。
天井はなく、屋根裏がそのままみえる。「なんど」も竹の
簀の子床である。

　他の地方で古い形式を残す農家をみると、家の中に板
敷の部分がなく、すべて土間で、囲炉裏のまわりにむし
ろを敷いたものや、外壁を土壁とせずに草でつくられた
ものなど、いろいろな形式がみられる。

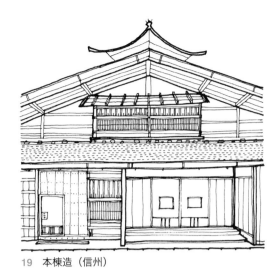

19　本棟造（信州）

農家の様式

　日本列島の気候は比較的温暖であるとはいえ、南か
ら北までかなり広範囲にわたるので、地域によってさ
まざまな変化が生まれる。もっとも近世のはじめまで
は、周囲を土壁で囲まれたそれほど規模の大きくない
農家が全国各地でみられたはずであるから、地域によ
るちがいはそれほど大きくなかったと思われる。例え
ば屋根が切妻造であるか寄棟造であるかというちがい
や、寄棟造の架構のちがいなどが主だった相違だった
のではなかろうか。また、前に述べたように、あるい
は太平洋側に台所を別棟にした分棟型の農家が分布し
ていたらしいという点も、地域的な特色の1つと考え
られる。

　江戸時代に入ると、各地で次第に特色のある産業が
みられるようになる。その中で養蚕は農家の形式に大
きな変化をもたらした。養蚕には、生活部分も使われ
たが主として屋根裏があてられたので、屋根裏が何層
にも発達し、採光・換気がはかられ、寒くなりはじめ
た時期の採暖も配慮されたため、大きな屋根に採光窓
の工夫をした農家が生まれた。採光窓のとり方に地域
ごとに特色ができ、農家の地方色を示す大きな要素と
なっている。甲州の棟をつき上げて窓をつくった形式、
飛騨の合掌造[17]などはその例である。

　また、南部地方の厩をとりこんでできた曲り家[18]、
大きな切妻屋根の棟の上に独特の形をした雀おどりを
あげる信州の本棟造[19]、大和地方から河内にかけて
みられる大和棟[20]と名付けられた形式、独特の屋根
をもつ佐賀のくど造[21]など、特色のあるものが多い。

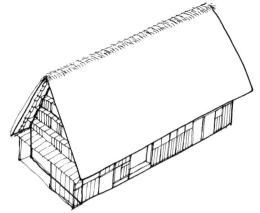

17　合掌造（飛騨）

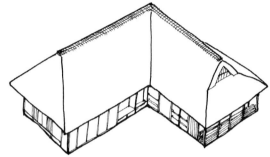

18　曲り家（南部）

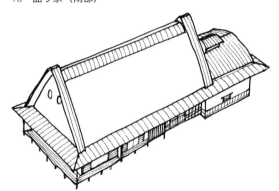

20　大和棟（大和）

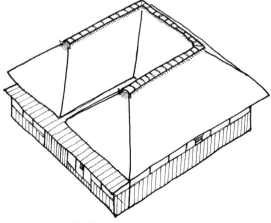

21　くど造（佐賀）

22　能登の黒丸家
道路から石垣を築いた敷地に、主屋のほか納屋や倉を建てている。主屋の前は農作業のための広い庭である。地方により、また家により、通りに面して長屋門などを建てることもある。上層の農家では、大きな床の間を備える座敷をもち、居間にあたる囲炉裏を囲む部屋も立派になる。居間には大きな神棚がまつられる。土間からの上り口や、台所の境なども格子で飾られる。

書院造の影響

　農家の主屋の中で、生活の場は土間と囲炉裏を囲む場と「なんど」である。下層の小規模な家では、囲炉裏を囲む1部屋しかない場合もある。土間と囲炉裏を囲む部屋の2つの部分の場合もある。江戸時代に入ると、上層の農家とくに名主階層の家には、役人を迎えるために、床の間や違棚などを備えた座敷がつくられるようになる。座敷は家族の生活の場である主屋と離れてつくられたり、主屋に付け加えられるような構造をもつことが多い。

　柱の太さがちがい、長押を用いたり、欄間や襖を使う座敷は▷22、主屋とちがった意匠で、主屋と一体につくられても両者は全く異質なものであった。しかし時代が降るにつれて両者は相互に影響しあい、柱が太く素朴で力強い主屋の構成と、繊細で洗練された座敷の意匠が、統一のとれた一体になった意匠を生んでいく。江戸時代の農家が最も美しい姿をみせるのは、化政期頃すなわち19世紀に入った頃である。

　また、座敷の意匠は数寄屋風を基本とし、釘隠や襖紙などにさまざまな特色がみられる。釘隠に書院造で最もよく使われる六葉金物を使うことは全くなく、動物や植物を図案化している。時には襖に貼った紙の木版模様と共通する意匠を使っていることもある。

　襖に絵を描くことは幕府が出した禁令によって禁じられたので、2階座敷のように役人を通すことのない所では絵の場合もあるが、普通は木版によって模様を刷った紙を貼っている。

近代の住宅

サラリーマンの住宅

明治のサラリーマン住宅

　明治維新になって、武士は自らの職業を選ばなくてはならなくなる。商売の道をとった者もあったが、多くの人々は役所や企業の中に吸収されていった。

　近代のサラリーマン住宅は、近世末の武士の住宅が基本になっている。城下町における中・下層武士の住宅は、床の間を備えた座敷を最も重要な部屋とし、玄関をもち、茶の間・台所とで成り立っていた。主人のための部屋が大部分を占め、家族のいる場所がどこか、今のように個人の生活の場を大切にしている時代の人々からみると、全くわからないくらいである。

　図1に掲げた2つの平面図は、明治10年頃に東京に建ったサラリーマン住宅である。これは維新前までの大名が、拝領した屋敷地を分割して貸し、そこへ建てさせた住宅で、ほかに小さい2軒の棟割長屋やもう少し規模の大きい住宅もみられる。

　明治10年頃の平面をみると、いずれも床の間のある座敷を備えている。玄関、座敷の主人や客のための部分は、規模の小さい方で半分近く、規模の大きい方で3分の1ほどを占めていた。台所にはどちらも土間に木でつくった座り流しをもっていた。規模の大きい方の台所には「かまど」が2つ並び、規模の小さい方の台所では、床板が揚板になっていたためか、板の合わせ目に四角い穴を描いている。この家の家族数はわからないが、家族が生活していたのは、台所の板敷に接する4畳半で、茶の間のような共通の生活の場であったと考えられる。また、規模の大きい方では、台所とつながる4畳半と、多くの小室が家族によって使われたのであろう。

漱石の描いた明治30年代の生活

　漱石の小説の中には、日常の生活がよく描かれている。中でも、最初の『吾輩は猫である』は、猫の目を通してその家の主人公の生活をながめているから、その内容が住居の外に出ることがほとんどなく、家族の生活を拾い出すことができる。また、よく知られているように、中心になる苦沙弥先生一家は漱石自身の家族がモデルであり、舞台になっている住宅も漱石がその頃住んでいた千駄木（文京区）の住宅をほとんどそのまま使っているから、住宅と生活の対応を再現することが容易である。間取の再現ができるほど小説の文中に部屋と部屋の関連が記されている上に、幸いなことに、当時漱石が住んでいた住宅は、現在明治村に移築され保存されている。そこで、その漱石の住居をもとに苦沙弥先生の生活を再現し、それぞれの部屋の使い方をみることにする。

　まず、小説に出てくる部屋の名をあげてみよう。

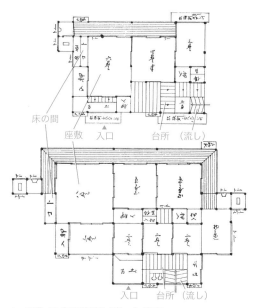

床の間　座敷　入口　台所（流し）　入口　台所（流し）

1　明治10年頃東京に建った住宅

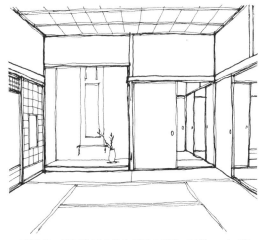

2　森鷗外・夏目漱石の住んだ家の座敷（明治30年代）

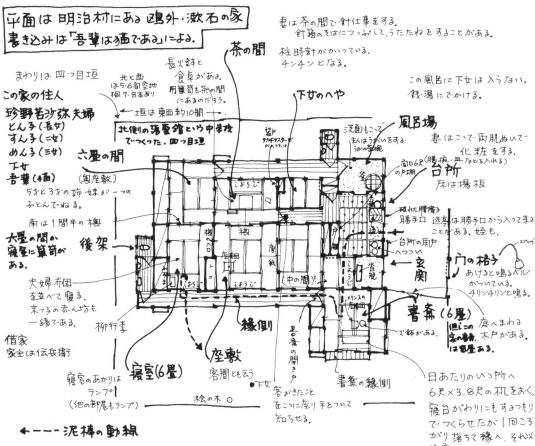

漱石はこの家に明治36年2月から39年12月27日まで住んでいた。その間の37年11月3日に3女が生れた。「吾輩は猫である」は38年1月から連載（「ほととぎす」に）がはじまった。

3　明治村にある森鷗外・夏目漱石の住んだ家

玄関・書斎(6畳・南面)・座敷(床の間付・南面)・茶の間・寝室(6畳)・6畳の間(寝室の北にある)・台所(畳敷にしたら4畳敷くらい)・後架・風呂場、以上のほかに、下女の部屋があるはずであるが、文中には出てこない。このほか、部屋と部屋のつながりが、ある程度わかる。例えば、書斎は玄関につづいていること、台所からまっすぐに奥に行くと茶の間になること、台所から左手に玄関があり、玄関を通過すると書斎に通じること、書斎から座敷などの縁側に出られること、その縁側を伝って寝室まで来られること、座敷と襖をへだてて茶の間があること、そして台所と風呂場がとなりあっていること、などである。

この条件を考えながら、今明治村に移されている漱石の住んだ家の平面をみると、ほとんどそのままあてはまることがわかる[3]。ちがっているのは、書斎は8畳の広さがあること、座敷に6畳の次の間がついていること、台所が4畳より少し広いことなどである。文中に、玄関を入ると中の間があると書かれているところがあるが、中の間が次の間にあたるか、玄関上がり口の2畳にあたるかわからない。台所では6尺の戸棚があることが符合し、揚板のほかに流しと土間が計1畳分もあったことがわかるから、図に示した6畳の台所を考えながら小説を書いていたのかも知れない。

次に、それぞれの部屋が小説の中でどのように使われているかみよう。

寝る——夫婦と赤ん坊である三女は布団を並べて、奥の6畳の寝室に寝ている。長女と二女の2人は、夫婦の寝室の北隣にある6畳の間に、1つの布団に入って寝る。

食事——茶の間である。食卓と長火鉢があり、おそらく用箪笥もこの部屋にあったであろう。東側に袋戸棚があり、タカヂヤスターゼが入っている。砂糖は用箪笥に入れるもののようである。主人が朝パン食をし、シャムをつけているから、ジャムなども用箪笥に入れていたのであろう。下女の食事は台所だったと思われるが、記事としては出てこない。

日常の居所——主人は書斎をもっている。普段はここにこもって本を読んでいるが、大きな机を日当たりのよい所においていて、読みかけでよく居ねむりをしている。また、日当たりのよい座敷の縁側にねころんでいることもある。

妻は、茶の間で針仕事などをしている。客にお茶をいれるのも茶の間である。あたたかい時など、座敷の縁で針仕事をしたり、洗い髪をかわかしたりしているが、客が来ると茶の間へにげこむ。また、茶の間でうたた寝をしていることもある。書斎の掃除は妻がする。

子供は、あまり小説の中にあらわれないが、奥の座敷(多分6畳の間)で歌を歌ったりしている。

下女は、台所(と下女部屋)が生活の場である。主人などに客を取次ぐときは、部屋の入口まで来て、その外に手をついて伝える。

客——客は玄関から入り、下女の取次によって座敷に通される。門の格子戸にチリン・チリンと鳴る鈴がついているので、その音をききつけて取次に出る。客は床の間の前のさらさの座布団に座る。碁などを打つこともある。客と主人のどちらが床の間の前に座るか、ゆずりあっていることもある。妻は主人の留守のとき乞われて座敷に出て来ることがあるが迷惑そうなので、普通はそのような事はないのであろう。

泥棒——まぬけな泥棒である。

以上のように、この家で、は主人の生活にかかわる部分がすべて南面を占め、主人と妻、子供の生活は明らかに区分されている。食事をする茶の間は、妻の生活領域であり、食事以外で主人がここに入りこんでくることはなく、主人が子供とかかわることもほとんどみられない。明治30年代の中流住宅の生活パターンを示していると考えられる。

大正期の都市住宅（洋風の導入—中廊下の出現）

大正初期の住宅(『日本住宅建築図案百種』大正2年 ▷ p.98 図4)は、明治10年頃の住宅の平面と大変よく似ている。大規模な住宅には洋館がつくられたが、中・小の都市住宅は明治期を通じて大きな変化がなかった。しかし、その間に日本人の風俗・嗜好に変化がおこりはじめ、住宅にも洋風化が試みられていたようである。伊東忠太は当時の住宅事情について次のように述べている。

「国民の風俗嗜好の変遷に伴なって、時々刻々に変化して行くものであるが、差当り大多数の国民の要求する住宅は、矢張り古来の日本趣味の住宅である。……各種の方面の要求を充すべき、各種の著作が現われて居るが、却って大多数の国民の要求なる、

米飯的住宅に関するものが少ないのは頗る遺憾であった。」（『日本住宅建築図案百種』序文より）

大正末に出版された『欧米化したる日本住宅』に収められている2つの住宅は、著者である保岡勝也が実際に設計した住宅である。図5の例は大正6年に従来日本家だけであったものを改造増築した例である。増築について「主人の依嘱により四方に洋室なる応接兼書斎と玄関をつけたし、従来の玄関を広間に改修した」と説明されている。応接間は不整形な形であるが、北隅の出張りの部分を書斎とし、机をおいてカーテンを斜にかけて仕切っている。この家の家族構成は、主人・主婦・女の子3人と女中2人とのことである。

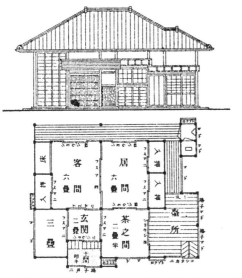

4　『日本住宅建築図案百種』（大正2年刊）にみられる住宅

図6の例は、大正10年に新築されたもので、主人の職業は校長先生、家族はほかに主婦と子供3人、女中1人である。この住宅は客室の外だけでなく、玄関にはドアを使い、アーチ風のつくりとするほか、大壁モルタル塗としている。しかし、平面図からもわかるように、洋風の外観をもつのは表からみえる所だけで、庭側には縁側をつけ、和風のつくりとしている。

この2例は共に中廊下をもち、先の明治期の住宅がもっていた、部屋の通りぬけという欠点を改良している。中廊下は大正から昭和にかけての伝統的住宅平面の中に生まれた重要な要素である。中廊下は、単にそれだけであらわれてきたわけではない。中廊下が設けられる家には、女中部屋がある。もちろん必ずあるわけではないし、女中部屋がなくても中廊下が設けられることがある。しかし、大局的にみて中廊下と女中部屋との間には関係があるようにみえる。中廊下でその南と北に住宅の部屋は2分されるが、中廊下の北側にあるのは台所・風呂場・便所・女中部屋のような部屋である。南側は客間や家族の居室で北側とは全く性格がちがっている。北側は家族の生活に対するサービス部分である。また、中廊下のある住宅での戦前の生活を思い出して見ると、中廊下があることによって家族の生活から使用人である女中の行動が分離されていたように思われる。女中のサービスのための動線として、中廊下は重要な役割を果たしていたようである。中廊下が家族の

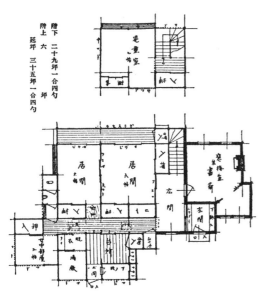

5　保岡勝也『欧米化したる日本住宅』にみられる住宅
（在来の住宅に大正6年洋風部分を増築）

プライバシーのために果たしていた役割は大きい。

　もう1つ、中廊下が設けられる住宅では、茶の間が南側の日当たりのよい場所にとられているという現象がみられる。茶の間はそれまで台所との関係から台所に近い北側にあり、南側には座敷と次の間があった。座敷へは次の間を通って入るのが普通であった。それが、中廊下のある住宅の平面をみると、玄関に近い位置に座敷があり、次の間の方が奥になって、この次の間が茶の間にあてられている。もちろん、例外や過渡的な場合もあるが、多くの場合、茶の間が座敷の次の間に代り、南面するようになる。

　家族が集まり食事をする家庭生活の中心である部屋が、客間である座敷と並んで南面するようになる。家族の生活が住宅の中で次第に表に出てきたことを意味している。このように中廊下と共におこった一連の変化をみていくと、ようやく伝統的な住宅にも新しい時代に対応した平面が生まれてきたことがわかる。

　一方、図7に掲げた2つの住宅は『市街地建築物法に依る瀟洒なる小住宅図案』(繁野繁造著、大正14年刊) に掲載されているものである。市街地建築物法によるとうたっているが、それまでの図案集とほとんど変らない。ただ、この図案集は平面図を掲げるだけでなく、敷地に対する配置や、建ぺい率について配慮はしている。平面をみるとどちらも中廊下がなく、この2つの案共に前の状態に逆もどりしている。

　ところが、この2つの住宅は外観をみると全く洋風なのである。外観と内部の様式とは全く関連がない。洋風といっても、家庭生活にまでの影響はまだ少なく、目にみえる形ではいかにもとってつけたようであるが、中廊下・茶の間などに着実に新しい社会への対応が認められる。

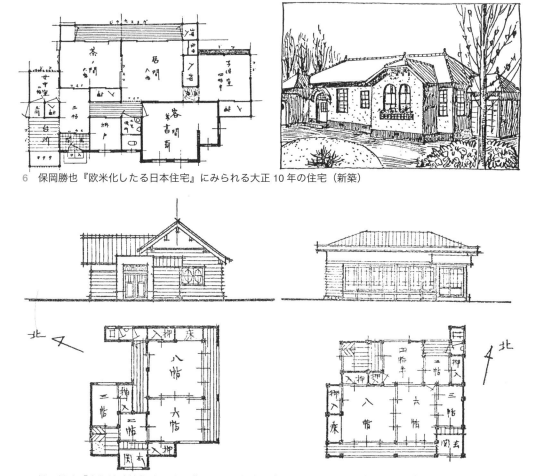

6　保岡勝也『欧米化したる日本住宅』にみられる大正10年の住宅（新築）

7　繁野繁造『市街地建築物法に依る瀟洒なる小住宅図案』にみられる大正末期の計画案

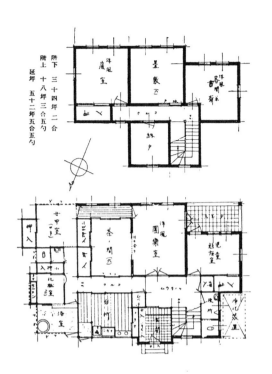

8　保岡勝也『和風を主とする折衷小住宅』の中の住宅
外観は、ヨーロッパ北部にみられる柱や梁を外にあらわした
ハーフティンバリングという様式である。

和洋折衷の住宅

　一般の都市住宅では、洋風をとり入れるとき、応接間のような直接生活にかかわりのない部分を、それまでの和風住宅を変えることなしにつけ加えるか、平面は和風のまま外観だけ洋風という形であった。大正期の終ごろから、洋風の範囲が広がってくる。夫婦寝室が洋間になった住宅、子供の勉強部屋が洋間になるもの、食事をする部屋が洋間になるものなど、さまざまな形の折衷された住宅があらわれる。

　図8の住宅は、昭和2年に出版された『和風を主とする折衷小住宅』(保岡勝也著)に示された帝国大学出身の官吏の家で、1階34坪余、2階18坪余、合計52坪をこえる規模をもっている。家族構成は夫婦と子供2人、それに女中2人の6人で、木造スレート葺である。洋間は1階では子供の勉強室、団欒室と玄関、2階では客間兼書斎、寝室と納戸で、日本間は1階の茶の間、2階の8畳の間くらいしかない。食事や家族の団欒に和風の茶の間と洋風の団欒室をあて、その間を引きわけの戸でつないでいて、日常生活に椅子式の生活が相当入りこんできていることがうかがわれる。

　図9は大正14年に建った住宅で、当時私鉄の開業と共に土地を分譲した田園都市会社の開発した住宅地にある。外観は洋風で、スレート葺、下階はドイツ下見、上階はモルタル塗である。1階の日本間は茶の間だけで、茶の間は洋風12畳半の広さの居間につながっている。2階は日本間が3室あり、これらはほとんど寝室にあてられていた。洋間は子供たちの勉強部屋であった。

　当時、高級官僚や会社役員などは、ヨーロッパやアメリカに外遊することが、新しい文化に眼を開くと共に、社会的に箔をつけることにもなり慣例となっていた。住宅にもその経験が影響してくる。

9　田園都市会社が開発した住宅地の住宅

明治維新から 50〜60 年たって、ようやく新しい生活や家族観が定着しはじめる。家族関係が従来の家長中心から、家族 1 人 1 人の個人生活を重んじ、また家族の団欒を中心に考えるように変ってくると、単に欧米を模倣するだけでなく、新しい日本の住宅を真剣に考える人々があらわれる。そのような試みの中で、最もよく知られているのが藤井厚二の 5 回におよぶ自宅の設計である。その意図は『日本住宅』（岩波書店刊・昭和 3 年）にまとめられている。

藤井厚二は、洋風生活様式の影響に関し、日本の住宅について次のようにのべている。

「我国の事物は、明治維新後に欧米諸国との交通が一時に開けて、其の文物を盛んに輸入してから、非常なる激変を来しましたが、其の結果欧米に於けるものを単に其の儘模倣したのみであって、所謂日本化されないものも有り、猶旧態を脱しないものも有り、極めて雑然たる状態です。従って生活様式に於いても頗る混沌たる状態でして、公的生活にあっては旧来の状態に比較すれば、著しく欧米化して居ることは国民の等しく認める所ですが、私的生活にあっては依然として変化しないものが頗る多く、其の様式は極めて複雑ですから、国民は今や新生活様式を形成せねばならぬ機運に際会して居ります。」

藤井厚二は、座式と椅子式の両方の生活をのぞむとき、なぜ一体に扱わないのか、和風木造の壁が日本の風土に適しているなら、なぜこの構造を椅子式の部屋にも使わないのかと批判している。自宅に関しては前後 5 回にわたり、さまざまな試みがみられるが、ここには第 4 回住宅の平面 10 と小住宅平面例 11 を掲げる。

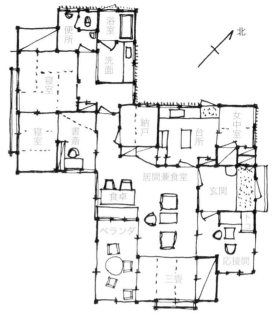

10　藤井厚二設計　第 4 回住宅平面

居間中心型の平面

家族観が変化してくると、住宅の平面にも新しい形式が生まれる。これまで和風住宅は、いずれも床の間を備えた座敷を南面に配し、これを中心としていた。平面をみても個人の生活が、どこでどのように営まれているのか、全くわからないのが普通である。

ところが大正期から子供部屋や夫婦の寝室が、はっきり個人の部屋としてあらわれてくる。2 つの住宅は、どちらも和風の部屋に固まれて広い洋風の居間をもち、図形的にも居間が平面の中心に位置している。これまで永い間座敷の陰にあった家族の集ま

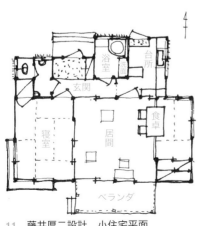

11　藤井厚二設計　小住宅平面

12　小林武夫設計　同潤会「五室以内の新住宅設計」当選案

る部屋が、座敷に代って住宅の中心を占めるようになる。

　しかしこれらの住宅のように和洋2つの居間をもつのは、はじめは一部の階層の住宅に限られていた。この居間を中心とする平面形式が、都市住宅の中に次第に浸透していくのは昭和に入ってからである。

　図12に紹介した平面の1つは、昭和6年に同潤会が行った懸賞設計の当選案の内の1つである。同潤会は、江戸川、代官山、神宮表参道などに、アパートを経営するかたわら、一戸建の住宅も団地として建てている。この懸賞設計の小林武夫案は、居間を中心におき北の食堂とをつなぎ、東西には座敷、寝室、子供室を配している。この平面は当時の審査員から、居間、食堂まで板敷の椅子式にしたことを評価され、過渡期における日本住宅の行くべき方途を示したといわれた。

　しかし、この平面は、その後の、とくに戦後の都市住宅に多数を占めるようになった居間中心型の平面とは、大きな相違がある。その原因は、当時の都市住宅では常識となっていた女中の存在にある。女中がいるということは、単に女中室が必要であるというだけではない。家事労働の大半が女中によって行われるので、女中がいなくなり、主婦によって家事が行われるようになった戦後の住宅とは、さまざまな相違がみられる。

13　土浦亀城設計　吉野邸

　戦後の居間と食堂を兼用し、台所がその中に入ってくる、いわゆるダイニングキッチンの形式は、主婦が働くことによって生まれたのである。女中が存在した戦前には、むしろ他人であり身分のちがう女中から、家族のプライバシーを確立することが、平面計画の潜在的な問題であったと思われる。

　このような日本の住宅への胎動に対して、いわゆる先進的な建築家たちによる欧米そのままの住宅の導入もみられた▷13,14。それらは外観にしろ、平面にしろ欧米のものとほとんど変りない住宅である。これらの建築家とその設計による住宅は、欧米的であり同時に日本では先進的ではあったが、それほど一般の都市住宅に影響を与えたとは考えられない。

14　土浦亀城設計　吉野邸居間
昭和に入るとコルビュジエやグロピウスなどにみられる明快な意匠が日本でもあらわれる。広い居間をもち、椅子式生活を主とした住宅は、先進的建築家によって暖房そのほかにもいろいろと工夫され、雑誌等をにぎわしたが、戦前には一般の都市住宅に影響を与えるまでには至らなかった。

台所の変遷

かまどと囲炉裏・井戸

　明治維新以前の台所では、かまどと囲炉裏が調理に使われていた。中世の絵巻物[1]をみると、土間におかれたかまどに釜がかかり、板の間につくられた囲炉裏には五徳をおいて鍋をかけ、副食物を煮ているところが描かれている。また、囲炉裏では火のまわりに串をたて焼いている場面もみられる。

　近世に入っても、例えば武家の大邸宅である二条城二の丸御殿では、かまどがあった台所と囲炉裏を中心とする清所で食事がととのえられていた。二条城にくらべれば規模は全くちがうが、農家でもかまどと囲炉裏が使われている。古い農家では2〜3個連なったかまどが土間にある。かまどは時代が降ると、連なる数の多いものがみられるようになる。かまどは本来釜をかける所で、湯を沸かしたり米を炊くのに使われている。町屋では地域によって炊き口が土間の方に向かっているもの、床の方を向いているものがみられる。

　囲炉裏は土間に接する勝手にあり、上から自在鉤(かぎ)が下がっているのが普通で、自在鉤に鍋などをかけて煮物が行われ、魚などを焼くには串にさして火のまわりに立てる。地方によっては自在鉤を下げずに、五徳を使っている所もみられる。囲炉裏は単に調理のためだけでなく、家族や客が座って話しあい、食

1　善教房絵詞にみられる囲炉裏

2　農家の台所（古井家・兵庫県）

べる場でもあった。

　囲炉裏は、江戸時代の上層住宅でも、語らいや遊びの場に設けられている。焼火(たきび)の間と呼ばれ、冬には火のまわりで饗宴がくりひろげられていた。

　町屋でも、囲炉裏が使われていた地方があるが、炬燵など暖房方法が変化するにつれて町屋では囲炉裏を使わなくなったようである。また、町屋の台所には大小いくつものかまどが並ぶようになり、調理にも囲炉裏の果たす役割は少なくなっていった。

　井戸は、かまどや囲炉裏と共に台所になくてはならないものである[2,4]。水はよほど特別の場合をのぞいて、井戸が使われていた。大きな家では、台所の面積も広いから台所の中に井戸を掘ることができた。町屋の通り庭にも、普通井戸を設けている。

　しかし、中下層の武家屋敷や町屋の長屋では台所の中に井戸のない場合が多い。上層階級の住宅の大規模な台所でも、建物の中に井戸がなく、外に井戸を設けている例がある。長屋では便所と共に井戸も共用にするのが常である。

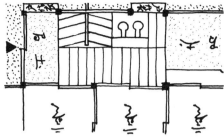

3 明治10年頃、東京に建てられた住宅の台所

幕末から明治期の台所

　台所の作業には地方色がみられる。台所のつくりもさまざまであるが、それらを大別して、近畿地方を中心とする土間で立ち働く形式と、関東地方の低い板敷の床をもった、膝をついて仕事をする形式を代表としてとりあげてみよう。この2つの形式は、大正期に入って台所改善運動が対象とした、古いおくれた台所を代表していると思われるからである。

関東の跪座式の台所

　関東では台所の一部を土間で残すだけで、ほとんど全部を低い板敷としていた▷4。その上、流しを床面にそのまま置いていたから、流しで仕事をするときにしゃがんで膝をついた姿勢になった。かまども床上低くつくられているので、しゃがんで炊いた。台所には、調理のための台はなかったので、俎は床の上に置かれた。配膳も床の上にお膳を並べて行われていた。

　生活改善や住宅改良をとなえる人々、あるいは日本で生活するようになった外国人から、しゃがんだ労働の姿勢と、床上で作業をする非衛生的な点が指

4 MORSEの描いた明治初期の台所
『JAPANESE HOMES AND THEIR SURROUNDINGS』より

摘されることになる。

近畿の通り庭型の台所

　近畿の町屋では台所を通り庭につくる。通り庭は表から奥に通りぬけられる細長い土間であるから、台所では履物をはいて作業することになる。また、図5に示した大阪の町屋は、幕末の大工の組頭の家で、とくに広い台所をもっているが、普通の家では1間から広くても1間半ほどしか幅がないから、井戸・流し・調理台・かまどなどを片側の壁に並べていることが多い。

　このような台所では、流しも脚のついたもので履物をはいたまま立って働けるようになっている。しかし、土間である上に、隣家と接していて、全く日があたらないのが普通である▷6。

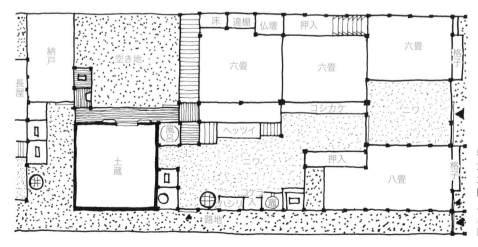

5 幕末の大阪の町屋
大工組の頭、山本屋古橋太郎兵衛の家である。図示した主屋の奥に職人を住ませる長屋が並んでいる。長屋では、共同の井戸・便所である。

外国人のみた日本の台所

　大正7年2月号の雑誌『住宅』（発行・住宅改良会）に「初めて使ってみた日本の台所」という一文があるので紹介してみよう。これは坪内士行氏夫人ホームスさんの生まれてはじめてみた日本の住宅の印象記である。全文というわけにはいかないので、座って使う台所に関する部分だけを抄出する。

〈歩くところで調理する習慣〉

　「日本の習慣として、足で踏んで歩く畳の上に直ぐ床を延べて寝みますが、台所も同様に矢張り板の間の床の上で諸種の調理をいたします。尤も俎というようなものを使って其の上で野菜を切ったり肉を叩いたりいたしますが、しかし足で踏んで歩く板敷の上に極めて低い俎を置いたぐらいでは、どうも何となく汚ならしく感じられます。実際の上から言いましても、俎の上で馬鈴薯を切っている最中に、その一片が小さな俎から転げて床に落ちることもあります。このような場合、そこは足で踏んで歩くところだと思うと、無駄なこととは知りつつも、つい其の落ちた一片を其のまま捨ててしまうのです。西洋ではすべて立っていて仕事をいたしますから、台所にも特に料理台というようなものがあって、その台の上で煮たり焼いたりする下準備をいたしますから、小さな俎の上でやるのとは異って、切った馬鈴薯の一片が転げ落ちるというようなことは余りありません。」

〈座ってやる台所仕事〉

　「日本の家は何事も座ってするように出来ていま

6　町屋の台所（金沢）　土間に板をはっている。

すから、私共には大変不便で、そして窮屈です。其の上に膝を突いて俎に向うのも私共にはどうも窮屈です。なんだか身体の自由が利かなくなったような気がいたします。ながしもその通りで、極めて低くなっていますから、物を洗う度毎に一々蹲まなければなりません。それが大へんおっくうで、そして苦しうございます。ながしは是非立っていて物が洗えるように作る必要があると思います。第一、座って仕事をしていますと、立居振舞が敏活に出来なくなりはしませんか。」

7　角屋の台所（京都）
ガスがひかれたとき、かまどのまま
ガスのバーナーを中に仕込んでいる。

（図8・ポスター）

集募賞懸案圖計設所臺

規定

一、住宅改良は住宅改良の理想を實現する爲めの計畫の一として吾々の日常生活に最も關係の深い「臺所」の設計圖案を懸賞で募集す

二、應募者は本規定と應募者心得に從て考案し大正七年二月十五日迄に東京市芝區琴平町一番地住宅改良會宛にて圖案を送付せられたし

三、提出すべき圖案は左の通りです
（イ）、臺所平面圖
（ロ）、臺所立面圖

四、設計圖は厚紙四半切（竪一尺七寸横一尺二寸）とし必ず横描とし圖の文字は必ず楷書とし圖を以て描く事

五、圖案は正面圖とともに別に封筒を封入し本人又は代理者の住所氏名を明記し記載されたる紙片を封入すべき人（本人又は他の人の意匠を剽竊したるもの）は審査しません

六、此規定に牴觸するもの又は認められるものは審査しません

七、當選の通知を封じ別に封筒内に記載されたる人又は代理者の住所氏名を明記せしめます

賞
一等　一名　金五十圓宛
二等　二名　金三十圓宛
三等　五名　金十圓宛

八、審査の終結は大正七年二月末日とし當選圖案の公表は『住宅』四月號誌上に掲載いたします。そして當選圖案には直ちに通知します

九、當選圖案終結後二週間以内に本人又は本人の正當代理者が出來ます

十、應募者は審査の結果に對して二週間以内に本人又は本人の正當代理者で異議を申立て又説明を求める事は出來ません。圖案は返却しません

十一、圖案は返却しません

十二、審査員は左の通りです

東京帝國大學
教授工學博士　塚本　靖氏

早稻田大學
教授工學博士　佐藤功一氏

東京工業大學
教授　前田松韻氏

東京女子大學　後閑菊野女史

日本女子大學　井上秀子女史

住宅改良會主　橋口信助氏

應募者心得

一、募集する「臺所」は下に示した平面圖を持つ家につけ居る某家の別邸に多少の變更を加へて一般的のものとしたのです。實際には二階建で階下に日本座敷と寢室とが設けられてゐる今の鎌倉に建ってゐる家です

二、此の家は現在鎌倉に建ってゐる家です

三、設備としては、水道、電燈、瓦斯、いづれも使用する事が出來ます

四、臺所と食堂との間に配膳室を取る事は隨意です

8　台所設計図案の懸賞募集

住宅改良運動と台所

大正に入ると、中流住宅を対象として家族像の変革を背景とする住宅改良の動きがみられるようになる。建築の分野からはもちろん、建築以外の人々もそれぞれ理想とする住宅像を描き、論じている。理想の住宅像は「文化住宅」と呼ばれていた。

住宅改良運動の内で、最も早いものは住宅改良会であろう。住宅改良会は、アメリカから組立住宅を輸入販売するために明治42年にあめりか屋を設立した橋口信助が、大正5年8月1日に住宅改良運動をおこそうと設立した団体である。住宅改良会は、月刊雑誌『住宅』を発行してその主張の普及につとめると共に、改良住宅や台所の設計図案を募集したりしている。一方、あめりか屋も住宅の設計施工を業として、新しい住宅の普及を実践し、住宅の展示企画に参加するなど、積極的に運動をすすめている。

台所に限って住宅改良会の動きを雑誌『住宅』の誌上でみると、第3年目の1・2月号を台所研究号にあて、台所の設計図案を懸賞募集している。

図8に、昔の印刷のまま示したのは、その大正7年1月号に掲載された募集規定である。第1項には、趣旨が述べられているが、ごく簡単に、

　一、住宅改良会は住宅改良の理想を実現する為めの計画の一として吾々の日常生活に最も関係の深い「台所」の設計図案を懸賞で募集します。

とあるだけである。住宅改良会の意図するところは、すでに1年半近くになる雑誌『住宅』によるキャンペーンによって十分と考えていたのであろう。

懸賞募集の対象となったのは、鎌倉に建っていた別邸をモデルにした3間×3間の客室、3間×2間の食堂、2階の日本座敷と寝室を中心とする住宅の台所で、食堂の北、女中部屋の西の一隅につくるよう指示されている。

この懸賞の当選発表は、同年の4・5月号で行われている。応募案70点から当選8点（1等1点、2等2点、3等5点）選外秀逸5点が選ばれているが、発表のときの一文に「まだこれで真に改良の実を挙げ得たとは遺憾乍ら思われません。吾々は之に満足せず尚一層の研究を怠らざる様努めなければなりませぬ。」と記されている。

同じ4月号には、審査員の1人である佐藤功一が審査の基準についてのべている。これは当時の台所に対する認識の程度を示すものである。

〈審査の標準其他〉

「審査の標準として先づ立働きに便利という事を主眼とせねばならぬ事は勿論で、其の意味から、流し、切台、煮物台、調理台、食器棚、配膳台等の関係に就ては、流しとの近き事、流しと切台との近き事、切台と煮物台との近き事、切台と調理台との近き事、煮物台と竈との近き事、煮物台と調理台との近き事、調理台と食器棚との近き事、食器棚と配膳台との近き事、即ち図のような行き方を標準として、なるべく之に近いものを採るようにした。」

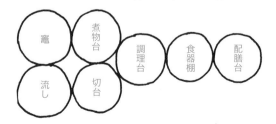

竈　煮物台　調理台　食器棚　配膳台
流し　切台

応募作品の台所の坪数は配膳室を含み2坪25を最小に、13坪998まであり、4坪から9坪までが多

く、中でも5坪から7坪に集中している。平均6坪
36ということは12畳半ほども広さがあるというこ
とで、現在の常識からすると大変広い台所である。

1等当選案は、配膳室1坪と台所4坪35の広さで
平均の坪数よりやや狭いが、それでも台所は9畳近
くある。かまど・立ち流し・調理台がL字形に並び、
相対する壁面に食器棚・冷蔵庫を配置している。す
べての器具がまわりに並ぶので8畳ほどの中央部は
全くあいている。実景図でも中央部が広くあいてい
て、必要以上のスペースをとっているようにみえる。
整理されすっきりした平面であるが全く特徴のない
案で、審査員の1人である日本女子大学の教授であ

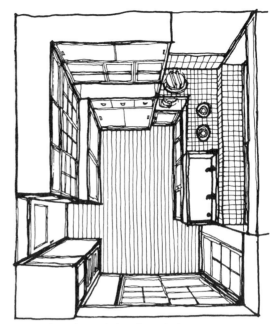

10　昭和10年頃、東京に建った住宅の台所
右手出窓の方向が南で、当時の住宅では珍しい南向きの台所である。
流しは人造石研出し、ガス台と出窓は白色タイル貼りである。
左下は冷蔵庫。

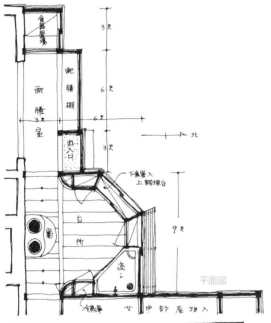

平面図

見取図

9　台所設計図案2等当選案　田村吉雄案（賞金10円）

った井上秀子は、「1等の図案は別に取り立てた特色
もありませんが、平均してよく整っている点が優れ
て居ります」と述べている。

図9の平面図と見取図は2等当選案の内の1つで、
当選案の中で最も狭い台所である。全応募案の中で
も、配膳室を含んで3坪5ほどの面積は最も狭いい
くつかの例の内に属する。

この案は北側に東から冷蔵庫・流し・調理台が並
び、南側の壁面中央にかまどを配したもので、4畳
半の一隅を45°に切りおとした変形であるが、動線
は最も短くまとまっている。ゆったりした台所が一
般的であった時代に、よくこの案が入選し2等に選
ばれたものだと思う。

もう1つ、図10で示した台所は、第2次大戦の
頃までに最も一般的にみられた台所の例である。昭
和11年に出版された『便利な家の新築集』（主婦之
友社刊）に特別付録があり、その「新工夫の便利な
お台所」の中に掲載されている実例から作図したも
のである。この本や昭和4年に同じ出版社から出た
『台所と湯殿の設計』、昭和13年に出た増山新平の
『台所浴室及便所設備』などは短時日に十数版を重ね
るほどに広く読まれていたのである。

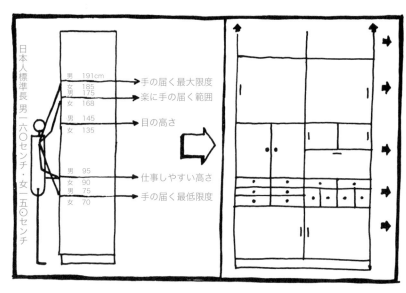

日本人標準長　男一六〇センチ・女一五〇センチ

男 191cm
女 185
男 175
女 168
男 145
女 135
男 95
女 90
男 75
女 70

→ 手の届く最大限度
→ 楽に手の届く範囲
→ 目の高さ
→ 仕事しやすい高さ
→ 手の届く最低限度

→ 日常あまり使用しないもの
→ 大鍋類
→ コップ・茶碗類
→ 果物・ナイフ・フォーク類
→ ビール・醤油・バケツ等の大きなもの

11　食器棚の寸法
（『今日の住宅』アサヒグラフ編、昭和10年刊）

建築家と台所

　住宅改良会には、滋賀重列・武田五一・佐藤功一・塚本靖・前田松韻・大熊喜邦・佐野利器など当時の第一線の建築家たちの支えがあった。住宅改良会が対象としていたのは、特別な住宅ではなく、一般の中流階級の住宅であった。大正年代には、住宅改良の動きとして、大熊喜邦・佐藤功一を顧問とする洪洋社の雑誌『新住宅』の創刊（大正9年正月）、大正9年の住宅改善同盟会の発足をはじめ、建築関係諸団体による住宅の懸賞設計や住宅展示会などがつづいた。

　大正末期から昭和に入って、建築界には新しい動きがはじまる。計画学においては、実験にもとづいた実証的研究によって、機能にともなった部屋の広さ、家具や器具の寸法、器具の容量などに基準となる数値が示されるようになる。この動きはバウハウスなどヨーロッパやアメリカの研究にうながされたものであるが、日本の実状にあった形となり、その成果は日本建築学会編の『建築設計資料集成』や、常盤書房刊の『高等建築学』にまとめられている[11、12]。

　『高等建築学』の第14巻、住宅の台所の節をひらくと、次のような数値があげられている。

　成年女子の使用する調理台の高さ　0.82m
　　（用具を使用する作業ではその寸法だけ台は低い方がよい）

流しの寸法　流し縁上まで　　　0.7〜0.77m
　　　　　　奥行　　　　　　　0.55〜0.60m
　　　　　　幅　　　　　　　　0.65〜0.75m
　　　　　　流し深さ　　　　　12〜　14cm
　　　　　　水栓高さ　　流し上端より20cm上

　戦前においても、台所の合理化は次第に進んでいるが、台所の位置は北あるいは東をむくようにつくられる従来の考えが変りなくうけつがれている。

　台所の根本的な変革は戦後で、それには、主婦が台所労働をうけもつようになったことと、器具の改良進歩が大きな原因となっている。

12　谷口吉郎邸の台所

田園都市

田園都市の誕生

20世紀に近づくに従って、産業革命の成果が世界の各地に目にみえる形であらわれはじめていた。鉄道が開通し、電灯がともるなど、生活が豊かになってくるかたわら、工場で使役される労働者たちの生活条件の悪さが社会問題となりはじめていた。このような現実に対して、社会主義的な考え方や理想主義によって、都市生活と田園生活の利益を享受することのできる新しい生活の場が提案されるようになった。このような新しい都市構想は、イギリスのE. ハワードの著書『Garden City of Tomorrow』によって広く知られるようになった。この本がはじめて出版されたのは1898年のことである。

日本では、このハワードの著書等に刺激されて、内務省地方局の人々が外国の都市論を勉強し、1907（明治40）年に1冊の本を出版している。その本の名は『田園都市』であった。ハワードの『Garden City of Tomorrow』が世に出てから10年たらずの内に、関心をもち共鳴した人々が、都市政策を進めていく立場の役人の中にあらわれたのである。しかし、すぐ具体的な形となって、実際の政策やニュータウンとして実をむすんだわけではない。

田園都市を日本で実現したのは、渋沢栄一であった。渋沢栄一が、欧米における見聞をもとに、理想的な郊外住宅地をつくろうと計画を実行に移したの

2 開村まもない頃の洗足駅付近

は、すべての公職から引退した70才すぎのことであった。大正5年にアメリカ視察から帰国後、77才であったが、田園都市の構想を各方面に説き、79才の大正7年になってこれが具体的に動きはじめることになった。大正7年1月に発表された会社設立趣意書には、その目的が次のように記されている。

「……要は黄塵万丈たる帝都の巷に棲息して生計上・衛生上・風紀上の各方面より圧迫を蒙りつつある中流階級の人士を、空気清澄なる郊外の域に移して以って健康を保全し、且つ諸般の設備を整えて生活上の便利を得せしめんとするにあり。……」

そして、具体的にその都市生活について、
「……而して吾人の計画は、予定地域内に先ず第

1 田園都市　計画地

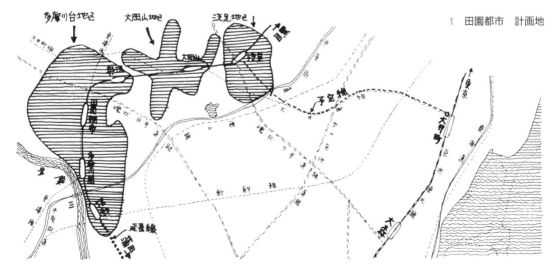

一期に於て500戸の中流階級者の住居に適すべき家屋を建築し、毎戸各若干坪の庭園菜圃を添へ、低廉なる賃貸料を以って之を貸付し、且つ年賦払込にて其所有権を居住者に移転せしめ、若干歳月の後には知らず知らず土地家屋の所有者たらしむるの方法を採らむとす。……」
と提案している。

会社の設立総会は同年の9月に行われ、土地の買収にとりかかり、当時の荏原郡碑衾村・馬込村・平塚村・池上村・調布村・玉川村にかけて125万4000平方メートルを事業対象地として手に入れている[1]。このあたりは、現在では住宅地として住宅が密集しているが、当時は大根畑が主で、目黒や五反田から小さな乗合馬車がたまに走るだけ、という不便な地域であった。

そこで、交通機関の開設が必要となり、大井町を基点に計画地をぬう電車が計画されたが、通勤の便を考え山手線に結ぶよう、鉄道省からすすめられ、目黒を基点とするよう変更することになった。これが現在の目蒲線で、最初は目黒から洗足・大岡山・田園調布を通り、旭野（現在の沼部）までであった。

田園都市会社の実質的な活動は渋沢栄一の息子秀雄（支配人）が中心で、大正12年6月には本社も事業の中心である洗足地区に移している。

最初に整備され分譲されたのは洗足地区で、洗足駅前には田園都市会社の本社が建ち、商店街が計画され[2]、上水道と電気が引かれた。宅地の造成が終って売り出されたのは大正11年6月であった。土地の区画は100坪から500坪、一部には洋風住宅を建てる地域も指定され、住民親睦のための倶楽部、小公園がつくられたほか、駅前の通りには並木が、電車の沿線には桜が植えられている[2]。

田園都市の計画は、次に造成された調布村で一層美しく理想的につくりあげられた。現在の田園調布で、ゼセッション風の駅舎を中心に放射状と同心円状に道路がつくられ、いちょう並木は、新緑の季節や秋の黄色に色づいた季節に、常に美しい見事な景観をつくり出している。

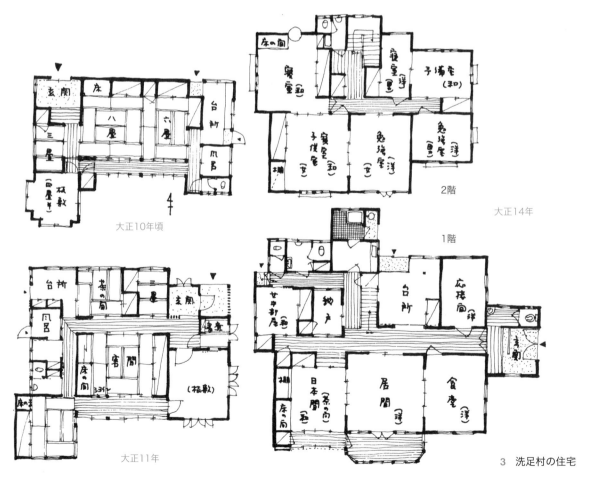

大正10年頃

2階　大正14年

1階

大正11年

3　洗足村の住宅

洗足村の住宅[3]

　洗足地区は、分譲後まもなく京浜地区が関東大震災に見舞われたために、移り住む人がふえた。それを裏付けるように、この地域の小学校をみると、創立100年をこえた学校が1校、その周辺に40〜50周年を迎えた学校が4校ある。

　田園都市会社は地域の中に家を建てる時の条件を次のように示している。

- ・他人の迷惑となるような建物を建造しないこと
- ・障壁を設ける場合も、瀟洒典雅なものとすること
- ・建物は3階以下とすること
- ・建物敷地は宅地の5割以内とすること
- ・建築線と道路との間隔は、道路幅員の2分の1とすること
- ・住宅の工費は1坪当たり120円以上とすること

　この条件はよく守られていて、洗足村や田園調布では、現在でもゆったりと庭をとり、生垣で囲まれた緑のゆたかな住宅地の面影をとどめている。

　村には村長がいた。住民の自治組織があり、電話やガスの引込などについて、会社との交渉に当たるほか、村民の親睦につとめている。

　しかし、今日までの間に区制がしかれて町会が分離し、また住居表示整備に当たって、町の区域が変えられ、当初建てられた建物も残り少なくなった。最初からの村民も90才をこえ、入居当時子供であった世代も70才以上である。

　それでも戦前に建てられた家が5%程度残っている。戦時の建物疎開で線路沿いの家がこわされ、戦災で焼けた所も多いが、古い洋風の応接間が玄関の脇に建てられている特徴あるつくりの住宅が幾棟も並ぶ通りが所々残っている。それらの家はきまって緑が多く、落着いたたたずまいである。

　現存していた家（1980年当時）の中から、いくつかの平面を掲げる。明治からの南に縁側をとり裏の廊下をもたない平面や、次第に多くなりつつあった中廊下型の平面がみられる。外観が洋風でも内部が中廊下型であったりする。どれもとくに名を残した建築家の設計でないだけに、大正末から第2次大戦までの時代をよく反映しているといえよう。

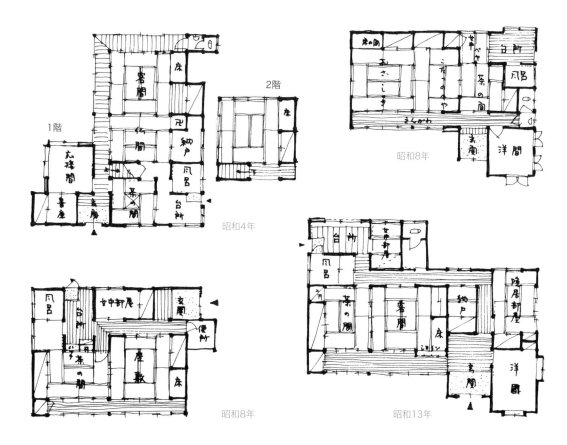

1階　　2階　　昭和4年

昭和8年

昭和8年　　昭和13年

昭和初期の中流住宅とその生活──洗足村から

　田園都市会社が最初にひらいた「洗足村」の住宅について、それらの住宅が建てられたときの家族構成や、どのように使っていたかなどを、平面の採取と共に調査してみた。もっとも、戦前の住宅の内で、建てた頃から住んでいるか、あるいは少なくとも戦前の生活を覚えている人が住んでいる家を選ばなければならないので、その数はかなり規定される。大正末期から昭和初期の住宅の例をいくつかとりあげて、平面と生活の対応関係をみていくことにする。

　まず、平面を従来の形式に従って分類すると、先の漱石の家にみられたような中廊下のないタイプと中廊下型とになる。この地域では明瞭な中廊下型は昭和8年からの例に多くみられるようになる。もっとも、平面から生活まで調査できたものが30数例にすぎないから、あまり断定的なことはいえない。図4ではⒶが従来型、ⒷⒸが中廊下型である。

　また、座敷のとり方から見ると、座敷と次の間の2室がつながる形式がほとんどであるが、座敷の方が玄関に近い場合と、次の間の方が玄関に近い場合とがある。この両者の分布は、それほど明確ではないが、時代が降るほど、前者が多くなる傾向が認められる。図4ではⒷⒸが座敷が玄関に近い場合、Ⓐが次の間の方が近い場合である。

　次に茶の間と座敷との関連をみると、座敷・次の間とは別に茶の間をとっているものと、次の間を茶の間にしている場合とがある。時代が降ると後者がふえてくる。そして昭和10年からは次の間を茶の間とする場合だけになる。Ⓐは座敷・次の間とは別に茶の間をとっている場合であり、ⒷⒸは次の間を茶の間としている場合である。

　以上から次のような傾向があることがわかる。
・時代の古いものほど、中廊下のないタイプで、座敷・次の間を備える場合、次の間の方が玄関に近く（座敷だけの場合は玄関から遠い方の壁面に床棚がつく）、そして、この座敷・次の間とは別に茶の間をとっている。
・新しいものほど中廊下型で、座敷・次の間が連なる場合、座敷の方が玄関に近く、次の間を茶の間としている。

　この地域の住宅のほとんどはこのような2つの形

式のどちらかで、そのほかの形式は大変少ない。

　次に調査対象とした30棟の住宅について、家族の共同生活にどの部屋が使われているかを見る。
・食事をする：30例中19例が茶の間と呼ぶ部屋で食事をしている。また残りの11例中6例は茶の間に相当する位置にある「6畳」あるいは「居間」と呼ぶ部屋で食事をしていて、その他の例は5例にすぎない。

　食事以外に家族が集まる、あるいは家族が楽しむという行為が、どの部屋で行われたかを調べていくと、それらが食事をする部屋と深いかかわりを持っていることがわかる。くわしい調査の資料は省略するが、次のような結果を得ている。
・お茶を飲んだり、おやつを食べたりする部屋は、30例中29例までが食事をする部屋と同じである。
・家族が集って語らう部屋も、同様に29例が食事する部屋と同じである。
・炬燵にあたる：炬燵の所へ家族が集ったであろうが、炬燵があった27例のうち、24例までが食事をする部屋にこれをおいている。
・火鉢も同様にみると、26例中20例が食事をする部屋においている。
・ラジオは26例中20例までが食事をする部屋に置いているが、蓄音機は半数ちょっとの17例の家にしかなく、その内食事する部屋に置いていたのは1例だけである。
・将棋・碁・トランプなどは、16例中10例が食事をする部屋でしている。

　以上の答えから、当然のことながら食事をする部屋、すなわち茶の間あるいは茶の間に相当する部屋に、家族団欒の中心があったことがわかる。

　そこで、この食事をする部屋がどのような条件を備えていたかをみると、次の通りである。
・広さは6畳14例、4畳半12例、その他4例である。
・南面するもの21例、北面5例、東面3例、どちら側にも窓なし1例となっている。南面するものの内、座敷・次の間型の次の間をあてている場合が15例中14列ある。

　先の平面図上の特色と合わせて考えると、昭和初期にはすでに家族団欒の場が確立し、次の間に相当する茶の間がその場にあてられ、南面する位置を占めるようになっていたことがわかる。

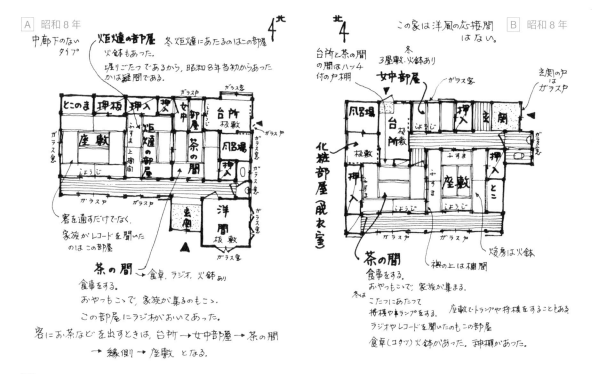

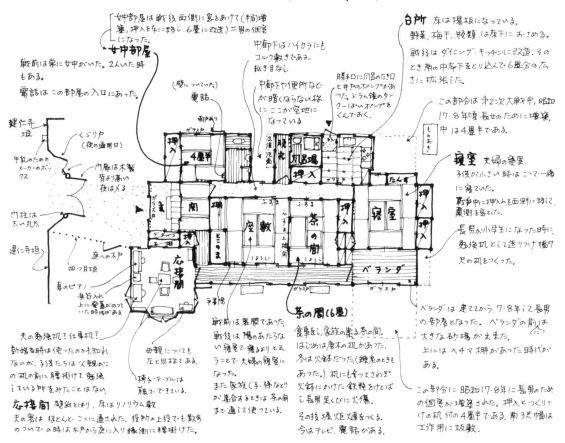

4　洗足村の住宅の平面調査

同潤会の分譲住宅

　田園都市会社の街づくりが行われている頃、同じ東京で同潤会が1戸1戸ではなく、1団地の住宅経営を行っていた。荻窪・衾町・赤羽など、同潤会が分譲した住宅の戸数は400戸をこえている。

　同潤会といえば、江戸川橋・青山・代官山などの文化アパートがよく知られていて、鉄筋コンクリート造のアパート建設の先駆的な仕事が評価されているが、その事業はアパート経営のほかに、分譲住宅、普通貸家住宅、不良住宅地区改良事業に及んでいる。その内の分譲住宅は、郊外のある程度まとまった敷地に、道路・公園などを計画し住宅を建てて、土地ごと分譲するという形であるから、比較的田園都市会社の事業と似ているところがあったと思われる。しかし1つ1つの規模が小さいから、電車を通すなどということはない。

　まず、同潤会の分譲住宅のねらった階層をみると、田園都市会社と同じ中産階級であり、所有させる形をとっていることも同じである。ただ規模がちがっている。その宅地の規模は、70〜170坪で、120、130坪が多く、希望する者が最も多いのは130坪で、110坪がそれに次いでいたということである。住宅の床面積は17坪ほどから35坪までで、24坪前後が最も多かった。田園都市会社とちがい、住宅を分譲するのであるから、同じような建物が並び1つのまとまった雰囲気をつくり出すことができ、また、住宅平面や意匠に新しい試みをもり込むこともできた。設計に当たった中村寛は、次のように述べている。

　「現在の日本人の生活様式が理想的の生活様式とは言い難い。従って理想的生活様式を想定し、それに適合する住宅を供給する、というのも一つの案であるが、伝統と習慣は一日にして改むべからず、分譲住宅は商品である。従って一般の趣味嗜好を度外視して計画する事を得ない。従ってその改善せる点は、普通住宅より僅に一歩進めて居るのみである。一歩の差を以って一般住宅の改善の指針となし、やがて一歩は二歩、二歩は三歩に進まんとする。」

　次に、昭和8年に建てられた衾町住宅[5,6]についてみると、計画された31戸は5室型4タイプ（ABCD）8戸、4室型4タイプ（EFGH）14戸、3室型3タイプ（IJK）9戸にわかれている。そのうちEFJが各4戸で最も多くつくられている。E型が26坪余、F型が24坪75、J型が19坪75である。最大のA型でも35坪半ほどで、100坪にもなる家が建った田園都市の場合とは様子がちがい、入居希望の多いタイプ、坪数を優先して計画していることがわかる。

　平面をみると、いずれも中廊下型で旧来からの平面はみられず、普通住宅より一歩進めたと設計者が述べている点が具体的に明らかである。またE型のような床の間をもつ座敷と、次の間にあたる茶の間が同じ幅で密接に連続する平面は少なく、B型（31坪5）のように、30坪をこえるゆとりのあるタイプでも客間に次の間がつながるということはなくなっている。

　また、どのタイプをみても居間があり、居間が南面に出てきているのも同潤会分譲住宅の特色である。茶の間もどのタイプにもあり、南面している場合が多くなっている。実際に家族が生活するのが居間であり、茶の間であるから、南面にそれらの部屋がとられるようになったことは大きな進歩で、設計者の住宅観のあらわれであろう。しかしE型のように客

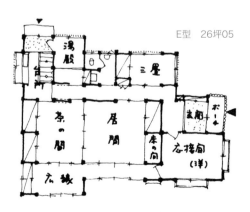

B型　31坪5　　　　　　　　　　　　　　　　E型　26坪05

5　同潤会分譲住宅（衾町住宅）

間（座敷）を居間と呼びかえただけの
ものもある。実際に茶の間と居間はど
のように使いわけられていたのであろ
うか。

　また、南面に広い広縁が設けられて
いるのも特色で、ここに藤椅子などを
置いたのであろう。規模の小さいJ型
には縁側がない。

　当時の生活を反映して、ほとんどの
タイプに女中部屋に使えるような3畳
がある。この3畳は家族のためでない
だけに、西側あるいは北側に面してい
て、居住条件の悪い部屋である。

　台所はまだ北側に位置している。し
かし、働く人の動線を考えて廊下を間
にはさむことなく、直接茶の間に接す
るよう、どのタイプでも配慮されてい
る。また、風呂をたくのにも都合がい
いように、台所の勝手口のたたきに湯
殿が接している。

　以上のような配慮は、設計者の住宅
に対する考え方、住生活に対する基本
的な態度から出たと考えられる。実際
に入居した人々が、どのように住みこ
なしたか、これまでの間にどのような
生活上の変化があったか、どのような
改造や増築が行われたか、その理由は
何か、などについても調べることがで
きたらと思う。幸いなことに、この衾
町分譲住宅は戦災にあわなかったので、
改造されていても現存しているものが
何棟もある。

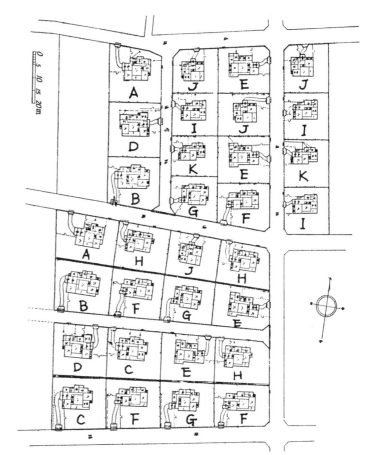

6　同潤会衾町分譲住宅配置図（『高等建築学』より）

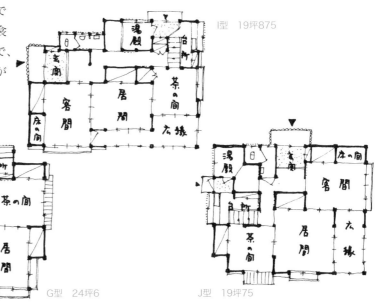

その後の田園都市

　田園都市会社は洗足地区に引きつづいて、多摩川台地区を造成して分譲した。この地域—田園調布—は下図のように、同心円と放射線の道路によって構成されている。これは、ハワードの Garden City のダイアグラム▷7 と共通するパターンである。もっとも同心円と放射線による都市は、ローマ時代から理想形の1つと考えられている上に、ルネサンス期の建築家たちの都市像にもしばしばあらわれる形態で、具体化された町もみられるから、何も20世紀近くになってはじめて考えだされたわけではない。

　ハワードの田園都市は、農耕地の中に住宅と庭園の街をつくるのであるが、その周囲を鉄道が円形に走り、中央の六角形の核から放射状に道路が通り、同心円状の道路が住宅地をぬっていた。

　田園調布は田園の中にできた小田園都市であった▷8。立地条件も形態も、理想的であった。そして、現在も東京の中で最もめぐまれた住宅地である。田園都市会社の成功につづいて、電鉄会社の分譲地が京浜や京阪神地域で計画された。しかし、それらはいずれも、大きな理想をかかげて出発した田園調布には及ばない。

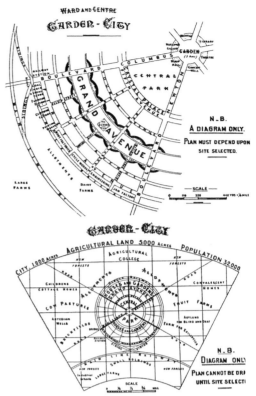

7　ハワードの田園都市のダイアグラム

　第2次大戦後は、相続に関する法律が変り、子供たちが平等に親の財産を受けつぐことになった。それまでゆったりと大きな敷地に、縁に囲まれて建っていた住宅がとりこわされ、敷地がいくつもに分割される光景に出会う。とくに広い敷地にはマンションが建った所もある。

　しかし、田園調布にしろ、洗足にしろ、都市におけるよい住宅地として、きびしい建築上の制限が課されている。第1種住居専用地域として建ぺい率50%がまもられている地域も多い。また斜線制限によって3階以上の建物もたてられない。従って建築を建てる上からの規制では、住宅地としての環境が悪化するのを防ぐことができる。しかし、相続の問題や税金の面で、現実には敷地が分割され、小さな住宅が数多く建てられることになり、住環境は悪化している。

　昭和54年の毎日新聞の調査では、田園の中の都市に住みたいと希望する人がふえたという。また、一戸建住宅をと考えている人も多い。かつての田園調布のような住宅地は首都圏では望むべくもない。どこによい生活環境を求めたらよいのであろうか。

8　田園調布　目蒲線・東横線の西側地域
（創元社『東京航空写真地図』より）

集合住宅

東京市営古石場住宅

　東京都江東区古石場に、一群の古びたコンクリート造のアパートメント・ハウスがあった[1~3]。かつて、東京市営古石場住宅と呼ばれたこのアパートは、大正11年から12年にかけて建てられた。正確には6棟あるうちの、1号館から4号館までと、食堂および浴場棟の5棟が、大正11年4月21日に着工され、翌12年の4月末日に竣工している。5号館は関東大震災後の大正14年6月に着工され、翌15年2月に竣工している。なお、1～4号棟については大正12年3月、5号棟は大正15年3月竣工と記した公式報告書がある。古石場住宅が東京市の手で計画され建設されたのは、関東大震災以前で、大震災以後、同潤会のアパートをはじめとして、各地で鉄筋コンクリート造の集合住宅がつくられたが、関東大震災の大被害を受ける前に、すでに不燃化の動きがあったことがわかる。東京市は先見の明があったわけで、関東大震災と第2次世界大戦の空襲によって食堂および浴場棟が被害を受けた。住棟は平成11年に解体された。

　古石場住宅は、コンクリートでつくられているが、

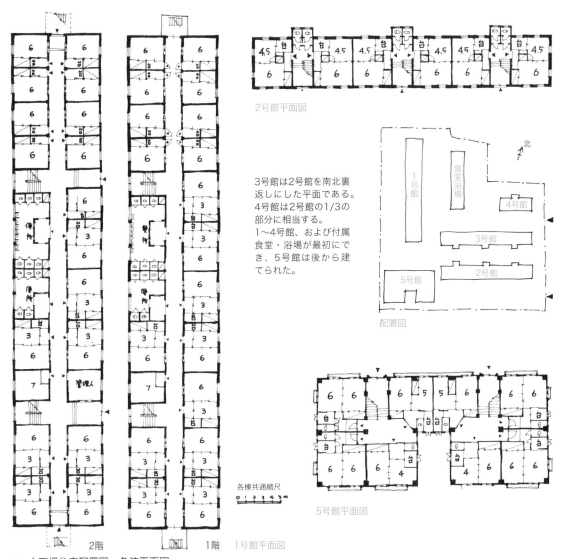

2号館平面図

3号館は2号館を南北裏返しにした平面である。
4号館は2号館の1/3の部分に相当する。
1～4号館、および付属食堂・浴場が最初にでき、5号館は後から建てられた。

配置図

各棟共通縮尺

2階　　　1階　　1号館平面図

5号館平面図

1　古石場住宅配置図・各棟平面図

2　古石場住宅1号館（正面）3号館（左）

1〜4号館は鉄筋コンクリート造ではない。後にこの古石場住宅について、公に記録した『東京市営住宅要覧』（昭和5年）によると、1〜4号館は鉄筋ブロック造3階建と記されている。この鉄筋ブロック造とは鉄筋で補強された重量コンクリートブロック造で、これらの建物の建築を請負った日本セメント工業株式会社が特許をもって製造していた同社製のコンクリートブロックによるものである。

東京市は、昭和5年に『東京市営住宅要覧』に古石場住宅を掲載するに当たって、「本邦に於けるアパートメントハウスの濫觴」と自負しているが、西山夘三著『日本のすまい・I』によれば、明治43（1910）年の三井同族アパート（鉄筋コンクリート造6階建）、大正7（1918）年の軍艦島のアパート（鉄筋コンクリート造7階建）同8年？横浜市営共同住宅館（鉄筋ブロック造2階建）があり、ほかにも木造アパートもつくられているから、濫觴と東京市が要覧に書いたのは当たっていない。しかし、東京市もこのような周囲の情勢の中で、木造公営住宅だけでなく、不燃建築の集合住宅を、関東大震災に遭遇する前から、建てはじめていたことはたしかである。

第1号〜第4号館建設時の「深川区古石場町市営共同住宅一覧」によって、その概要を示すと表1の通りである。

表1　第1号〜第4号館の概要

敷地面積	1,620 坪
建設物面積	391 坪
住宅	4棟
食堂浴場	1棟
住宅戸数総計	99戸

第1号館　鉄筋ブロック造アパートメント式
　　3階建　建坪166坪　延坪499坪・57戸
　　　6畳　　　　25戸（家賃10円/1ヶ月）
　　　7畳　　　　4戸（家賃11円/1ヶ月）
　　　6畳と3畳　28戸（家賃14円/1ヶ月）
　　　各戸専用水道栓付炊事場あり、共同便所各階
第2号館　鉄筋ブロック造テネメント式
　　3階建　建坪60坪　延坪180坪・18戸
　　　6畳と4畳半　18戸（家賃16円/1ヶ月）
　　　各戸専用水道栓付炊事場　専用便所あり
第3号館　2号館と同じ
第4号館　2号館と同じ
　　　但し建坪20坪、延坪60坪、戸数6戸
建設費
　盛土及地均工事費　　　　8,010 円 00
　建築請負金額　　　　233,584 円 00
　水道敷設費　　　　　　　540 円 00
　瓦斯敷設費　　　　　　3,567 円 00
　　　計　　　　　　　245,701 円 00

第5号館については、別の資料によると表2の通りである。

3　古石場住宅の住戸平面図

1号館

1号館は主としてこの2つの型がくりかえされる。独身用である。

2号館はどの住戸も日がよくあたる。ただし、便所は住戸の外、階段室にある。

2号館

表2　第5号館の概要

第5号館　鉄筋コンクリート造アパートメント式		
3階建　建坪97坪23　延坪303坪565・24戸		
6畳と6畳	12戸	（南側家賃21円50銭）（北側家賃19円50銭）
6畳と5畳	6戸	（家賃18円）
6畳と4畳	6戸	（家賃18円）
建設費		
整地費		417円70銭
建築費		64,588円00
設計監督		4,760円00
給排水等設備費		19,811円94銭
計		89,577円64銭
設計者　東京市　天羽技師		

（笹林文平氏卒論　東京高工昭3による）

以上の資料のうち、家賃をみると、たとえば第1号館の6畳・3畳の2室が炊事場付、共同便所で月14円であるのに対して、大正9年に建てられた木造の東京市営月島住宅では、2階に位置する6畳と3畳、専用便所、炊事場なしで12円であるから、この古石場住宅が鉄筋ブロック造であるからとの理由で、とくに高いということはなかった。大正15年の貸付実績をみると、全戸1年間の家賃総計23,148円に対し、貸付実績は97.7％の21,312円02銭、これに対して実際の収入は20,841円38銭である。

実際に古石場住宅に住んだ人々は、昭和5年の調査によると、最も多いのが工場労働者で22世帯、次が官公吏18、警察官17、会社員と職人がそれぞれ12、商店員10、教員9、人夫5、営業3、工夫・船員それぞれ2、あと自動車運転手・使丁・弁護士・無職・病気（無職か？）がそれぞれ1である。

収入は自動車運転手が195円で最高、最も多い工場労働者は平均78円18銭、官公吏・教員・会社員が100円ほど、警察官76円強、職人86円弱、商店員81円、人夫69円であるから、居住者の階層がわかるであろう。

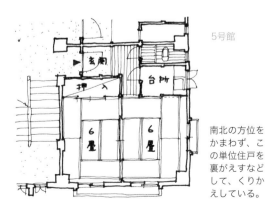

5号館

南北の方位をかまわず、この単位住戸を裏がえすなどして、くりかえしている。

第2次大戦前のアパート事情

アパートメント・ハウスが成立する原因として、昭和8年に出版された『高等建築学14』で、清水一は

(1) 数箇の住宅を一建築に集合させる事によって、多小でも周囲自然状況を良好になし得る事

(2) 同程度の独立住宅を建てる場合よりも、敷地費、設備費等を節減し得る事

をあげている。

そしてさらに「これが市内の比較的地価の高い部分に於て経営され、且つ営利事業の対象となる時はアメリカ風の都市アパートの概念に近いものとなり、小俸給生活者、労働者の都市に於る住宅難の一解決策として、社会団体が比較的地価の低廉な郊外地にアパートメントを集団的に設立、経営する場合には所謂ジードルングの概念に近いものとなる」と述べている。先に述べた古石場住宅は郊外地ではないが、目的とした居住者の階層からみて、後者の例であろう。

『高等建築学』のこの項が書かれた昭和8年頃は、長屋生活をする人達は多くとも、鉄筋コンクリートのアパートで生活しようとする人は珍しかった。都市の住宅事情に対して建設されるアパートは鉄筋コンクリート造の数階建でなくてはならず、鉄筋コンクリート造のアパートの居住性は木造バラックの居住性にくらべて悪く、設備で補おうとすれば家賃が高くなるということから、中産階級以下のアパートを必要とする人達に、鉄筋コンクリートのアパートを供給するわけにはいかなくなる。結局、当時鉄筋アパートに住まうのは、独身者とアパートをとくに好む有産階級ということになって、アパートは普及しなかったのである。アパートメント・ハウスは、

(1) 小俸給生活者・労働者の家族

(2) 有産者中アパートをとくに好む者の家族

(3) 独身者

を対象者として考えられているが、当時は実際には(1)と(3)については同潤会の建設したアパート、(2)についてはヴォーリズ設計のお茶の水の文化アパートくらいしかなかった。住戸の基本的な面積が示されているので掲げておくと、

　3〜4人用　　和風　25〜45m²（12畳内外）

　　　　　　　　洋風　50〜90m²

で、洋風の場合は和風の場合の倍としている。

同潤会のアパートメント

関東大震災後、早急に住宅を建設することが必要となったが、その1つとして同潤会が設立されている。住宅災害は、東京府と近県6県合わせて46万5000余戸で、その内でも東京・神奈川が最もひどく、東京府下32万8000戸、神奈川県下11万5000戸ほどである。

同潤会は、関東大震災災害に対する義捐金の中から1000万円を交付され、内務大臣水野錬太郎を会長として設立された。設立登記は大正13年6月7日になされている。基金1000万円のうち、930万円を住宅建設にあて、残りの70万円を震災による不具者の収容授産と、義肢製作等の施設をつくるために使う予定であった。

同潤会は、昭和16年5月に住宅営団にその業務・権利等を引継いで解散しているが、江戸川アパートができ上がるまでの10年間に、鉄筋コンクリート造アパート16団地109棟2738戸(不良住宅改良事業を含む)、木造住宅は58個所5813戸を建設している。

大正14年に着工され、昭和2年までかかって建設された渋谷アパートメント▷4〜6(その後代官山アパートと通称されるようになる)の概要を示すと、総棟数38、総戸数は独身者用・商店を含めて297戸となっている。「渋谷アパートメント新設工事概要」に

4 渋谷アパートメント ほ号、と号屋

よると、設計監督は同潤会建設部で、近江栄博士によると川元良一・鷲巣昌とのことである。当時の図面では、青山アパートB号は同部建築課の工学士川本(元)良一設計となっている。施工は大阪橋本組(在東京日本橋区)、敷地面積6017坪、総延坪2872坪75である。外壁仕上は型式に応じ色変りの着色人造石洗出し、内部は白および卵子色の漆喰塗の壁に、コルク張りに薄縁敷の床が基本であった。設備は次の通りである。

5 渋谷アパートメント配置図(同潤会代官山アパート)

種別	間取	戸数	最高敷 家賃	備考
三階建 い号	8.4 s.3	18	¥23.00〜¥26.00	
	6.4 s	96	¥15.00〜¥18.00	
二階建 は、に、ほ号	8.4 s	22	¥24.00〜¥28.00	
	6.4 s.4s		¥25.00〜¥27.50	
へ、と、ち号	8.3	14	¥16.00〜¥18.00	
	6.4 s	63	¥16.00〜¥15.50	
独身者室 り、ぬ号	8.	3	¥14.00	
	6	73	¥10.00〜¥12.00	
商店 ぬ号	8.3 工場付	2	¥30.00	
	立店	1	¥15.50	

附號	階層	一階	二階	三階	棟数	戸数
い	3	8.4 s.3	8.4 s.3	8.4 s.3	1	18
ろ	3	6.4 s	6.4 s	6.4 s	7	96
は	2	8.3	6.4 s		4	16
に	2	6.4 s	6.4 s		5	20
ほ	2	8.4 s.3	6.4 s		8	32
へ	2	6.4 s.4s	6.4 s		2	8
と	2	8.4 s.3	6.4 s		6	24
ち	2	6.4 s.4s / 6.4s	6.4 s		1	4
り	3	6.独身向	6.独身向	6.独身向	3	58
ぬ	3	商店食堂	6.独身向	6.独身向	1	18/3

「照明及炊事用トシテ電灯、瓦斯及水道設備ヲナシ特ニ台所用トシテ米櫃、蝿張、調理台、竈、炭入及塵芥投入筒ヲ備ヘ、洗面所ニハ洗面器及鏡付化粧棚ヲ付シ、又下駄箱、傘立、帽子掛、郵便受入箱、窓掛、氏名札ヲ設ケ、各戸水洗式便所装置ヲナシ、三階建「アパートメント」ニハ屋上ニ洗濯場ヲ設ケ、物干竿及洗濯盥ヲ用意セリ、又独身舎ニハ寝台及瓦斯重宝台ヲ備付ケ、商店ニハ食堂及娯楽室ノ設備アリ」

以上からわかるように、各戸に水洗便所とダストシュートを備えていたことは注目される。

これらの同潤会のアパートメントは「理想的文化住宅」とその「概要」に記されているが、果たして第2次世界大戦前にこのような文化住宅に生活した人々は、どのような思いであったのであろうか。この渋谷アパートメントに、昭和16年7月から昭和19年3月まで生活された西山夘三博士は、当時を振返って、著書『日本のすまい・Ⅰ』の中で次のように述べておられる。

「……何よりも有難いと思ったのは、……大事な研究資料を安心して家の中においておける火災への安全性であった。さらに住んでみて、列車型の一穴便所であったが、小さな住宅にくっついている便所が清潔な水洗であったことである。外出も心おきなくできた。これらはすべていままでの日本住宅にはなかったものである。同潤会アパートはたしかに当時の日本人一般のすむ木造住宅の水準を上まわる「文化的生活」を体現したもので、本格的アパートのよさをデモンストレートするものであった。」

しかし6畳と4畳半それに2畳前後の台所という狭さは、家族数がふえると住み方を工夫するのに大変であったらしい。全く余裕はなく机をおく場所もなかったようである。

このくらいの広さの住戸が渋谷アパートメントでは最も戸数が多かった。一方、この6畳と4畳半に台所程度の間取を独立住宅で探すと、最も小さい部類に入る。木造住宅では、長屋でもなければ、このような狭い住宅は通常みられなかったのである。独立木造住宅の図集からこの程度の住宅を拾い出して、その説明書をみると次のような例がある。

（6畳と4畳半の茶の間、玄関3畳、台所、便所）
「建坪及び室数最も少き配置の一例にして、夫婦子供共三人位の下級勤人、又は職人向きの住宅に適す。6畳一と間を万事に使用し、便所も一ヶ所にて両便用に供せしむ、台所は壱間四方とす……」

この広さのものは、一般には中流以下の人々の住宅と考えられていたわけで、西山夘三博士の回想にあるような良さ、すなわち文化的生活を可能にするものでなければ、庶民向の鉄筋コンクリート造アパートは受入れられるものではなかったと思われる。

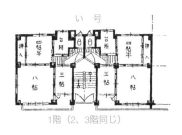

い　号

1階（2、3階同じ）

ほ　号

1階　　　2階

6　渋谷アパートメント平面図

り　号（独身者室）

1階（2、3階同じ）

ぬ　号（店舗、独身者室）

階 ｛2階　娯楽室及び独身者室6帖（り号に同じ）
　　3階　　　　同　　　上

7 戸山ハイツ（東京都営）

第2次大戦後の公営不燃アパート

　第2次世界大戦の戦災、強制疎開、海外からの引揚者などのさまざまな原因によって、敗戦直後には、420万戸もの住宅が不足したといわれる。戦災復興院による住宅供給も、敗戦直後の経済状態では思うにまかせなかった。そのような敗戦直後の2年間に、G. H. Q. の要求によって、占領軍とその関係者のための住宅が建設されている。

　ワシントン・ハイツ、リンカーン・センターなど、木造2階建の独立住宅や、同じく木造の棟割長屋による住宅団地が生まれた。また、既存の建物を利用して鉄筋コンクリート造のアパートもつくられている。これらのアパートは、文化アパート（お茶の水）、万平アパート（もとホテル、麹町）、野々宮アパート（九段）、三会堂アパート（もと事務所、赤坂）、満鉄アパート（もと事務所、赤坂）、陸軍省アパート（もと学校、牛込）、山王アパート（もとホテル、赤坂）である。これらの改造は設計期間を含めて6ヶ月で行われ、工事に当たったのは、設計のG. H. Q. 所属の日本人スタッフをはじめとして、みな日本人であった。このような木造住宅の団地や、鉄筋コンクリート造のアパートは、いずれも日本人を締出したアメリカ人専用の施設で、戦災地の中に突如としてあらわれたアメリカ式団地やアパートに、日本人は目をみはったのである。

　ようやく占領軍のためのこれらの施設の建設が終った頃、公営の鉄筋コンクリート造アパートがあらわれる。

　都営高輪アパート▷8は、戦後の不燃アパートの最初の試みである。昭和22年に高輪アパートの計画が公にされたとき、とにかく住めればいいから数を多くつくるべきであるとの声が高かった中で、都市の不燃化をめざして、一歩一歩鉄筋コンクリート造のアパートづくりがはじめられた。記念すべき最初の鉄筋コンクリート造アパート建設は、復興院において昭和22年8月に決定をみた。これが高輪アパートである。

　高輪アパートの建設には、戦争中に住宅営団が行っていた調査・研究がもとになっている。さらに、建築各分野の研究者が参加して設計され、竣工後は設計に当たった研究者たちが実際に住んで、実地に研究が続けられている。高輪アパートが竣工してから、公営の不燃構造によるアパート建設は急激に発展し、翌23年には6大都市と原爆の洗礼をうけた広島・長崎に2000戸近いアパート建設がはじめられている。各地にこのときつくられたアパートの基準は、建設省によってつくられた47型（1947年型の意）に改良を加えた48型であった。49型からは、民間から募集された標準設計が採用され、久米、石本両建築事務所のものと、建設省による3つの基本型式が生まれた。本格的なアパート建設がはじまり、アパート生活が少しずつ定着していく。

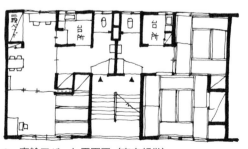

8 高輪アパート平面図（東京都営）

最小限住宅

生活最小限の住宅

第1次世界大戦のあと、ヨーロッパでは住宅問題が大きな社会問題となっている。しかし、当時の建築家にとって、低所得者層や、ブルーカラー層の人々の住宅問題は職業外のことで、一般的に関心を呼ぶということはなかった。一部の建築家たち、とくに新しい傾向をみせていた人たちがこの問題に正面から取組むことになった。CIAM すなわち国際新建築会議が、1929 年にフランクフルト（am Main）で催した第2回会議の議に「生活最小限の住宅」をとりあげている。CIAM は先進的な建築家の集まりで、ジークフリード・ギーディオンを中心に、ワルター・グロピウス、ル・コルビュジエなど、近代建築運動を推進した人々が名を連ねていた。

フランクフルトで開かれた「生活最小限の住宅」に関する会議では、

- エルンスト・マイ：生活最小限の住宅
- ワルター・グロピウス：都会居住者のための最小住宅の社会学的基礎
- ル・コルビュジエ（シャルルエドワール・ジャンヌレ）：「最小住宅」問題の根本的諸要素の分析
- ルイス・ブルジョア：最小限住宅組織
- ハンス・シュミット：建築法規と最小住宅

以上のような報告と討議が行われている。

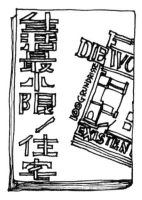

1 『生活最小限ノ住宅』
1929 年 10 月にフランクフルトで開かれた第 2 回国際新建築会議における報告の訳である。訳者は柘植芳男。
この本は翌 1930 年（昭和 5 年）5 月末に早くも出版されている。山越邦彦、小池新二、宮崎謙三、斎藤寅郎、猪木卓二が協力している。

この会議は 10 月に行われ、11 月に報告が月刊誌に掲載されたが、日本で出版された『生活最小限ノ住宅』[1] はその翻訳で、翌昭和 5 年 5 月に早くも出版されていることは、日本での関心が強かったことを物語っている。

しかし、日本は第 1 次世界大戦の影響を直接受けたわけではなく、また、関東大震災の被害も局部的であったから、最小限住宅は機能主義・合理主義住宅のシンボルのような役割を果しただけで、具体的に最小限住宅が試みられるということはなかった。

昭和 13 年、そろそろ軍事色一色になりつつあった時期に行われた、住宅改良会の小住宅懸賞設計入選作[2] をみると、夫婦と子供 2 人ほどで 25 坪（80m² 程度）あり、全体に部屋の規模が小さくなってはいるものの、限界を追求しようという態度はみえない。

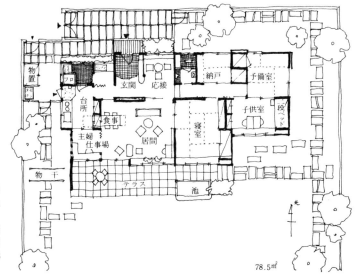

78.5㎡

2 小住宅懸賞設計入選作
佳作：渋谷由太郎設計（住宅改良会・昭和 13 年）
25 坪以下の小住宅であるが、ほとんどが 100 坪以上の敷地に 25 坪の住宅を設計している。
家族構成は、夫婦・子供 2〜3 人・女中（いない場合も多い）である。面積の制限から、部屋はそれほど大きくはない。個室では 6 畳、4 畳半程度で、8 畳は少ない。

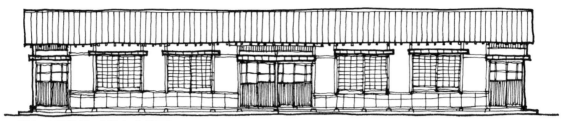

3　戦時　甲規格第2号住宅（4連戸）

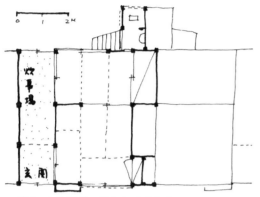

4　戦時　甲規格第2号住宅（4連戸）26.5m²

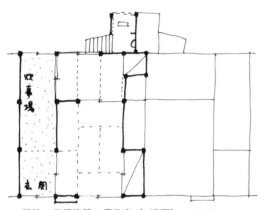

5　戦時　乙規格第2号住宅（4連戸）25.515m²

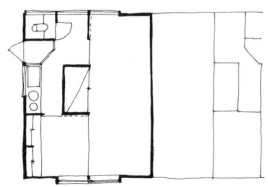

6　戸山ハイツ　29.37m²

第2次世界大戦・敗戦

　第2次大戦がはじまると、建設資材にも影響がみえはじめる。

　昭和16年、住宅営団が設立され、同潤会の住宅建設ならびに経営を引継ぐと共に、戦時下の住宅建設の中心的役割を果たすことになった。建設した住宅の主なものはブルーカラー層の分譲住宅や、軍や軍需関係の住宅であった。そのころ厚生省は「国民住宅」の設計基準を定め、住宅営団もその研究部で規格を作成していた。昭和18年になると、戦時下における臨時日本標準規格が定められている。

　臨時日本標準規格には甲・乙の2種と、2号から5号までの規模による大小があり、また1戸建・2連戸・4連戸の区別があった[4〜6]。甲・乙の2種は、基準となる単位が1メートル、90センチであることのちがいで、甲種の1メートル単位は関西における京間の変型であろう。図4、5に示したように、最も面積の小さい乙の2号住宅は6畳と3畳の2間に、玄関と炊事場の通り庭（土間）がつき、25.515平方メートルの面積である。甲種は4畳半と3畳に通り庭であるが、基準単位が10センチ広いので、全体で26.5平方メートルで乙の2号より広い。

　これらの平面は住宅営団などの研究が背景にあるにもかかわらず、その成果を生かすには規模が小さすぎたのであろう。最小限の住宅に対する特色としては通り庭を設けたところぐらいと考えられる。

　戦後、大量に戸山ヶ原の練兵場跡に建てられた戸山ハイツ[6]は、米軍放出資材で建てられているので、その基準となった単位は4フィート×8フィートである。

戦後の最小限住宅

　第2次大戦によって、日本は300万戸の住宅を失った。戦争によって資材不足が日に日にはげしくなり、敗戦によってさまざまな戦時中の制限が取りのぞかれたとはいえ、物資の不足は解決されなかった。その上インフレが進み、住宅不足はますます大きな社会問題となった。政府は建設資材を割当制とし、建築の規模に制限を加えるために昭和22年に規制を制定している。

　5人家族で12坪までという制約は、戦前の住宅からみると極めてきびしいもので、翌23年には15坪（49.5m²）に緩和されているが、その中で家族の生活空間を設計するという課題は、昭和のはじめにお題目にすぎなかった最小限住宅を現実のものとし、それまできびしくは受とめられていなかった機能主義・合理主義に、否応なしに正面から取組まざるを得ない、という立場に建築家たちを追いこんだのである。

　敗戦後の建築家に与えられた設計のチャンスは、占領軍関係の仕事をのぞけば、住宅しかなかったといえよう。敗戦から5年がすぎ、A.レーモンド設計のリーダーズ・ダイジェスト社や、竹中工務店の東京海上の別館が建つまで、本格的なビルの仕事は全くといっていいほどなかったのである。

立体最小限住居（設計・池辺陽）[8]

　池辺陽の立体最小限住居は、15坪の制限の中で建設資材の節約も考えた上で、住宅内での生活時間の最も長い主婦の生活を合理化することを主眼として設計されている。池辺研究室の設計態度には、人体寸法・生活行動に際して占める空間・生活に必要な品物の収納空間などを研究し、それにもとずく標準的な最小限空間を基本とする傾向が認められる。

　池辺陽の下で設計された一連の住宅群には、担当者によって多少の意匠上の相違はみられるが、全般的に空間の合理性を第一に規制したであろうから、生活に窮屈を感じた人もあったのではないかと思われる。

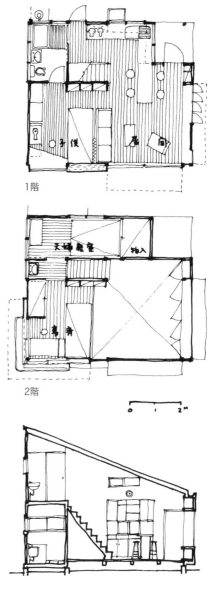

1階

2階

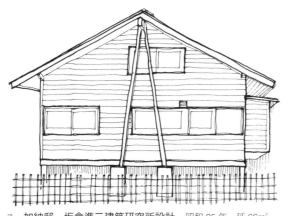

7　加納邸　坂倉準三建築研究所設計　昭和25年　延66m²

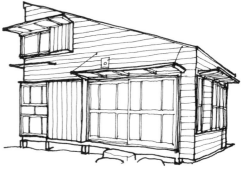

8　立体最小限住居　東大 池辺陽研究室設計
昭和25年　延47.85m²

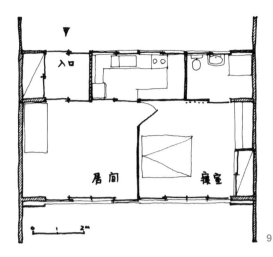

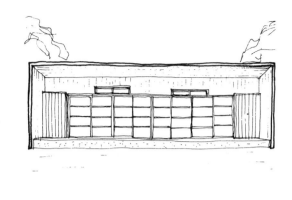

9　アントニン・レーモンド設計の小住宅　昭和25年　延49.5m²

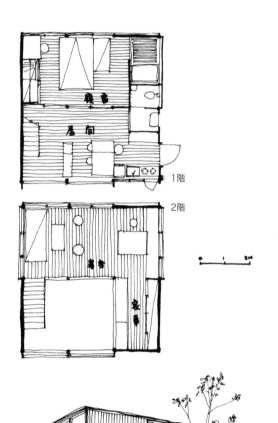

1階

2階

10　最小限住居（自邸）増沢洵設計　昭和27年　延49.5m²

A. レーモンド設計の小住宅 > 9

　この住宅も15坪の制限内で設計された。フラット・ルーフであるが、屋根の構造は木造である。木造のフラット・ルーフなど日本人には考えつかない構造であるが、雨漏を防ぐのは鉄筋コンクリートのスラブそのものではなく、スラブの上の防水層であるから、下地が木造になっても同じことなのである。構造が珍しいだけでなく、この住宅は平面をみて明らかなように、単純明快である。その点、細かいところまで使い方を考え、棚や引出しまで規定した池辺陽の立体最小限住居の空間構成と対照的である。当時大変印象に残った作品である。

自宅―最小限住居（設計・増沢洵）> 10

　15坪の制限内で設計された住宅で、夫婦と小さな子供1人が家族である。2階の一部を吹抜けとしているのは、床面積15坪の制限内で大きな空間をつくるための策と思われる。同様の考えは加納邸 P.125図7 (坂倉準三建築研究所設計) にもみられるが、これらは、池辺陽の立体最小限住居のような片流れの屋根ではなく、吹抜け部分を2階の高さまで十分にとり空間にゆとりを持たせている。また、家族がふえたときなどは必要に応じて、この吹抜け部分に床をはり、面積を増やすこともできた。

　以上の、戦後まもなく建てられたいくつかの住宅に共通していることは、椅子式の生活様式をとり入れ、従来の住宅がもっていた接客のための空間を全くすて去ったことである。戦後の極端な住宅事情によって、はじめて日本の住宅が合理的に考えられ、因習から解放され、新しい方向にむかいはじめたといえよう。

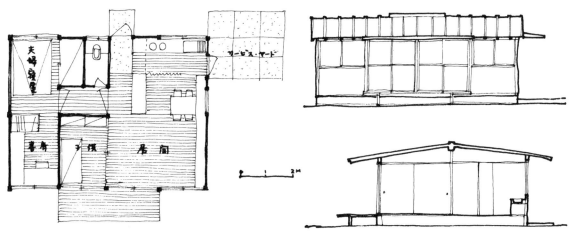

11　ローコストハウス　R. I. A. 設計　昭和 27 年　延 39.6m²

ローコストハウス（設計・R. I. A.）[11]

　庶民にとってはローコストな住宅は望まれる姿であった。建築家には生活水準や住宅の質のためにはコストが上がるのはやむを得ないという風潮と、質を落としてローコスト化をはかるのは、政府の貧困な住宅政策を認めることになるという考えがあった。質や規模を落とさずにコスト・ダウンをはかるのは、設計にたずさわる建築家の当然の義務であるにもかかわらず、正面から取組もうとする建築家はなかなかあらわれなかった。山口文象をはじめとする R. I. A. のメンバーは、この問題に取組み、家族の共同生活のためのスペース、個人の生活のためのスペース、その中間的なスペースに分けて、最小限の住宅を考えている。

　その結果は、12 坪の中に夫婦と子供 2 人までを生活させることになり、図 11 のような基本計画平面が生まれたのである。

懸賞設計

　戦後には、住宅の懸賞設計がたびたび催されている。仕事がほとんどなく、とくに事務所やその他、本格的な建物の設計など全くない頃のことである。実際に建てることができるわけではないが、夢を図面に託すように建築家や建築学科の学生たちは懸賞設計競技に応募している。しかし、敗戦直後のものは極端に規模の小さい例が多く、ゆとりがみられない。材料が統制され、柱用の角材が手に入らなくて貫 4 枚を組合わせて中空の柱をつくるという時代では、架空の設計とはいえぜいたくはいえなかった。

　時がたつにつれて規模が大きくなり、夢がみられるようになる。昭和 27 年に新建築社が主催した現代の住宅の設計競技も、理想を求めるものであった。図 12 は入選案の 1 つであるが、これだけの家を建てるのは実際にはむつかしかったと思われる。

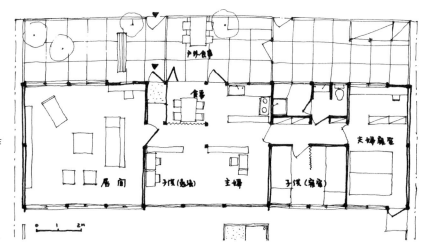

12　現代の住宅設計競技入選作
　　植田一豊設計
　　（『新建築』昭和 27 年 9 月号）

工費　100 万円
敷地　80 坪
家族　夫婦と子供 2 人
94.05m²（28.5 坪）

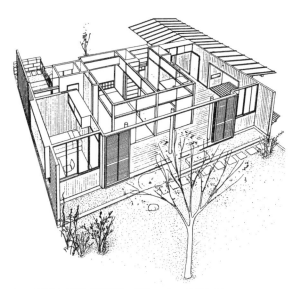

13　森博士の家（『新建築』昭和26年8月号より）

森於菟博士の住宅（設計・清家清）▷13,14

　この住宅が建築雑誌上に発表されたのは昭和26年で、先にあげた増沢洵の自邸（最小限住居）より早い。その上、『新建築』8月号の巻頭に彩色された透視図▷13が予告の形で掲載され、つづいて9月号に詳細に紹介されるという手順であったため、またその意匠・平面計画のユニークさもあって、当時の建築界に大きな話題を提供することになった。

　ほとんどデザインらしいことをすることもできないような小住宅しか設計の対象にならず、また池辺陽の立体最小限住居のような、機能主義による住宅計画が先行している時代であったから、この住宅の計画にみられる舗設によってその時々の空間を設定するという考え方や、主人夫婦の主権が子供の居室

のようなプライバシーを要求する場所以外、住宅内のすみずみまで及ぶべきであるという考え方は、逆の意味でセンセーショナルであった。

　また、中央部分に畳敷きで襖や障子で囲まれ、床の間までもつ和室2室を配するという日本的な意匠をもちながら、外観を下見板や竪羽目にオイル・ペイント、アルミニウムの瓦棒葺の洋風スタイルにまとめ上げ、その両者が全く違和感を感じさせないばかりか、極めて自然に融合した意匠、中でも南面いっぱいに入れられた6枚のガラス戸は外観の構成に大きな役割を演じているが、このような意匠は、その後、門下生以外の人々の中にも多くの追従者を生むに至った。

　設計者は計画について、発表時の誌面『新建築』（昭和26年9月号）に次のように述べている。

　「王朝時代の生活方式ではあるが、舗設という語がある。ひとつの大きな室の中に、年中行事や生活に附随して、家具、几帳etc.を適当に置き、その時折の空間を構成して行く、こういった方法を舗設という。この住宅は大きく見て一室と考えられないことはない。必要に応じて襖、障子等で寝室となる空間を舗設したり、書斎を隔絶する。しかし、建具を開放すれば室内は勿論、戸外も含めて、ひとつの一体的な空間が構成される。」

　一方、機能的な面についても、台所では、

　「逆L字型は又動線、モーションスタディ（動作研究）とも快調で、食卓への流れもよい。流しに向っていると、玄関を訪ねる人がよく見える。又御用聞、物売等も流しの前の窓で応待できる。」と説明している。

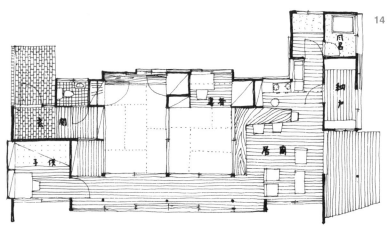

14　森博士の家　清家清設計
昭和26年　73.1m²

近年の住居と生活

居間中心型の住居

　現代の住居は、第2次大戦前に成立した居間中心型の延長上にある。最小限住居においても居間があった。もちろん、図形上平面の中央に居間があるとは限らない。生活の中で中心的な役割を果たしているという意味が強い、建築雑誌を賑している建築家が設計した住居にはたしかに広い居間がある[1,2]。建築雑誌を彩る住宅が、日本の住居の新しい方向を模索するものであることは明らかであるが、広く日

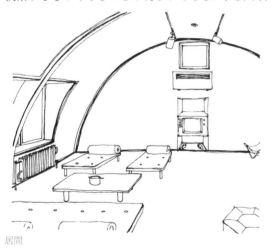

居間

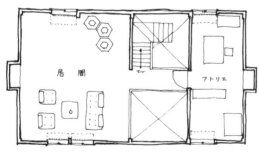

平面

1　シリンダー・381　村口昌之設計　110.86m²

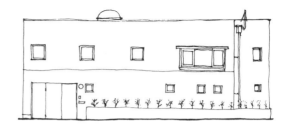

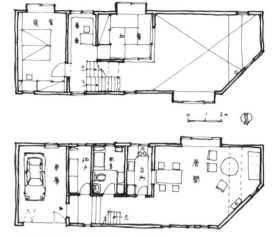

2　雲野・流山の家　坂本一成設計　95.6m²

本全体からみれば、限られたごく少数の現象にすぎない。

　平均的なサラリーマンの住宅を代表するのが、住宅公団で設計されている集合住宅であろう。公団住宅をモデルに、各地の公営住宅・社宅・分譲住宅などが設計された。庶民を対象とした木造や鉄骨造の賃貸アパートも次々と建設され、大都会では大きな比率を占めるようになっている。これらの住宅のうち、公団住宅には居間はない。住宅公団は食事をする部屋をD、台所をK、居間をLと略号であらわし、個室の数を数字で示しているから、その平面の構成がよくわかる。2DK・3DK・3K・3LDKなどが代表的な平面構成である[3,4]。

　今日までにつくられた多くの集合住宅の中で、Lすなわち居間がとくに設けられている住宅の比率は0.8%（昭和52年まで）で極めて低い。Lが設けられていてもDすなわち食事をする場所が十分にない場合には、Lが食堂になってしまう。そのLが広ければLDのような複合された形で使えるが、普通L

はそれほど広くないから、長方形の食卓を入れると
残りの部分にくつろぐための家具を置く余地は残ら
ない。本当に居間があるのは、DK が十分な広さが
ある場合に限られ、3L・DK の一部がどうにかそのよ
うな使い方ができそうなだけである。

　独立住宅も例外ではなく、居間が居間としての機
能を果たすような住宅は30坪（100平方メートル）を
越えないと出てこない。建て売り住宅の平面をみて
も、東京では20坪前後が最も多く、居間はあっても
名ばかりである。これで果たして居間中心型といえ
るのであろうか。

　居間中心型の住居が生まれてきた過程は、家族観
の変化に支えられている。そして、生活の洋風化が
大きく影響している。そこには椅子式生活の方が畳
の上に座る生活より進んだものであり、食事と寝る
ことのように同じ部屋に異なった機能が重複するこ
とは、未分化のおくれた生活であるという考え方が
ある。さらに、住宅の中での個人のプライバシーの
確立がぜひとも必要であると叫ばれてきた。その結
果が公団住宅や建売住宅にみられるような、細分化
された小さい部屋ばかりでできた住居なのである。

　先の調査でみられたように、日本人の生活の中で
食事をする場所は戦前すでに南面するよい場所を占
めるようになってきていた。そして、その場所であ
る茶の間は、同時に家族団欒の場でもあった。食事
をすることと、家族団欒の機能を分離しなければな
らない理由はどこにあるのだろうか。

　また、茶の間は戦前にはほとんどすべて畳敷の和

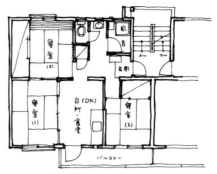

3　3DK 公団住宅 '63、'65

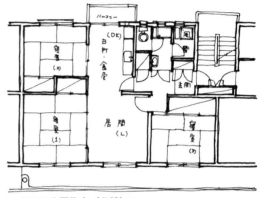

4　3LDK 公団住宅（分譲）'67

室であったから、場合によっては寝室として使うこ
とすらできたのである。この茶の間に椅子式ではな
いが、同じような座り方をする腰掛式の掘炬燵を発
明したのである[5]。この掘炬燵は和洋折衷の産物
で、時宜にかなう極めて日本的なものであった。掘
炬燵のある茶の間こそ、日本の住宅を象徴する存在
であろう。

変化する家族

　小さい子供の生活の実態はどうであろうか。図6
は東京のある小学校の4年生の生活時間である。縦
軸に時間をとり、横軸は左右いっぱいを100％とし
て15分ごとに子供たちが何をしているかをあらわ
している。左から遊び・テレビなど、右から勉強・
塾・おけいこなど、まん中は夕食・お手伝・風呂な
どであるが、いかにテレビが大きな比重を占めてい
るかわかるであろう。遊びが大きな比重を占めるの
は子供だから健全な姿であるが、半数もの子供が食
事のあとの家族として大切な時間にテレビの前に釘
づけなのである。

　この時の調査で夕食を家族そろって食べたと答え

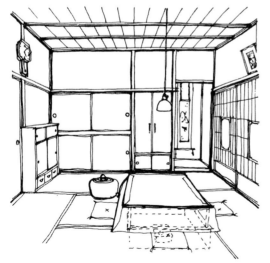

5　掘炬燵のある茶の間

ているのは半数にすぎない。その上、3分の2の家庭では食事のあいだテレビを見ているのである。これでは一家そろって食事をする家庭でも、家族そろった意味がほとんどなくなってしまう。また、勉強も塾か家庭教師まかせである。かつて誰でも一度は勉強したことなのに、今の算数は4・5年にもなると手に負えないときめてかかっている母親が多い。そんなことで親として子供の信頼が得られるのだろうか。

　母親も、家庭の仕事に毎日しばられているわけではなくなった。ガス風呂・電気洗濯機・電気掃除機・電気あるいはガス炊飯器・湯沸器・電気冷蔵庫などが普及し、電子レンジ・皿洗い機・冷凍庫もふえてきた。家庭ですべて加工していた食べ物も、工場や商店で加工あるいは半加工されて店先に並ぶようになっている。主婦の労働時間は減り、子供が学校へ行ってしまうと自分の時間がもてるゆとりが出てきた。そこで生きがいを求め外に出る女性もふえている。また、夫婦共に働く家庭も多い。

　以上のような現実の生活をみるとき、住宅だけが従来どおりの姿でいいのか疑問になってくる。少なくとも大きく変革をとげつつある家族の姿に対応す

るように、少しずつでも変化させていかなければならないのではなかろうか。戦後の35年間にどのように変ったかをみると、まずかつての3世代同居の形式がほとんどなくなってしまった。少なくとも新婚当初は夫婦だけでと考え、親の方も若い夫婦に遠慮している。また、家に客を呼ぶという習慣もほとんどなくなった。家が狭くて客を通せる部屋がないのも1つの原因だが、逆にそのような気がないから、客を迎える場所をつくろうなどとは考えない。戦後の住宅に椅子式の生活が普及し、核家族に対応するように変化してきたことだけはたしかである。この上ここでみてきたようなばらばらな家族生活がさらに進むとしたら、住宅はどうなるのであろうか。

現代の住宅考

　一般の住宅では木造、鉄筋コンクリート造に限らず従来通り半間（近年は、あるいは1メートル）単位の格子を基本とする間取りが一般的であった。住宅会社の半製品住宅もそうであるが、敷地が細分化され、それまで1軒の住宅が建っていたところに3〜4軒が建つことになり、ほとんど空地のない設計

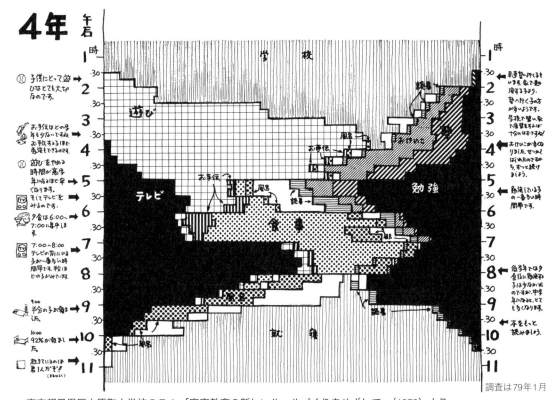

6　東京都目黒区立原町小学校P. T. A.「家庭教育の新しいルールづくりをめざして」(1979) より

調査は79年1月

が多くなっている。玄関前のアプローチすら半間四方とって玄関らしくしようとしているが、玄関の扉を外開きにするのが日本では普通だから、半間四方のあきを取らないと扉を開いた時、扉が道路にはみ出してしまう（竣工時の検査許可が取れないかもしれない）。

　公団住宅は2戸を1戸に改造するほか、南面に1室増築するなど面積の大きなゆとりのある住戸を模索しているが、大きな変化は見られない。

　建築家それも前衛的な建築家は、従来の設計法である格子の平面作法に捉われず、意識してそのような設計法から逸脱しようとしているようにみえる。立面でも同様に新しい形を模索している。そこで、私と同じ世代、私に近い世代の建築を取り上げてみる。

　同じ大学で、その研究室の運営の様子を見ていた篠原一男や坂本一成の作品を見てみよう。

　篠原一男の谷川さんの家▷7は、部屋はすべて矩形で特に新しい創意は見られない。全体を構成してい

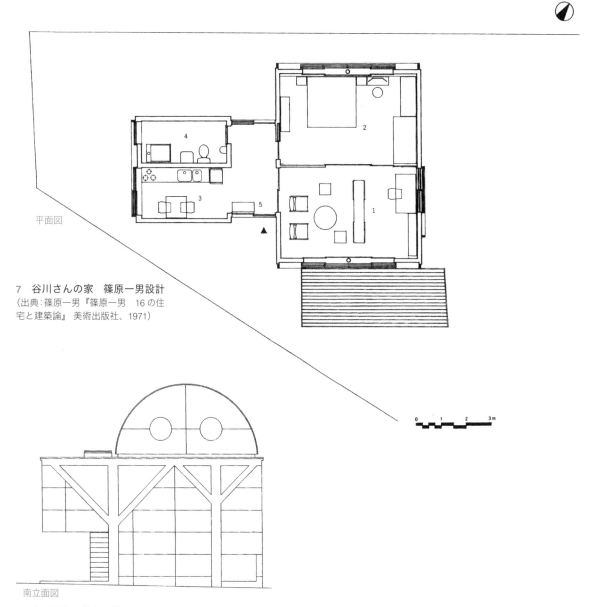

平面図

7　谷川さんの家　篠原一男設計
（出典：篠原一男『篠原一男　16の住宅と建築論』美術出版社、1971）

南立面図

8　上原通りの住宅　篠原一男設計（出典：篠原一男『篠原一男2　11の住宅と建築論』美術出版社、1976）

るのは居間兼仕事場のある部屋と寝室。しかし、入り口は玄関としては区画されていないし、南側のテラスはなぜか建物から右にはずれている。そしてテラスの東側の辺が建物と並行でなくやや斜めである。

また、篠原一男の上原通りの住宅[8]の3階は側面で見ると半円形で丸い窓が2つある。

坂本一成のHouse SA[9]は、生活フロアの床は全体が階段のように1段ずつ上がっていく。

坂本一成のHouse F[10]は、家全体がテントのような膜に覆われ、対角線上の2つの角にコンクリートの居室が配されている。

このような新しい形の住宅建築は、ここにとりあげただけでなく、建築の雑誌、住宅建築の雑誌を探すまでもないくらい、いくつでも見つけだすことができる。とりあげはじめればきりがないであろう。現在の建っている建築、とくに住宅建築の大きな流れということができそうである。想像できないような未来があるかもしれない。

今後、日本の住宅建築がどのような姿に移り変わっていくか見守り、明日の新しい住宅建築の姿に期待することにしよう。

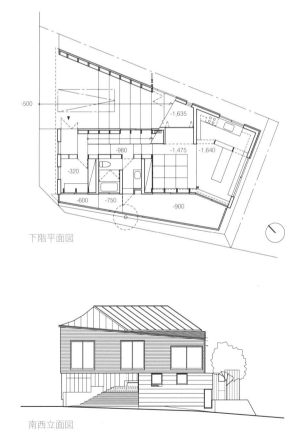

下階平面図

北立面図

南西立面図

南北断面図

9　House SA　坂本一成設計（提供：アトリエ・アンド・アイ 坂本一成研究室）

10　House F　坂本一成設計（提供：アトリエ・アンド・アイ 坂本一成研究室）

索引

( )は図名および解説。太字は章・節・項

改訂版　あとがき

　『図説日本住宅の歴史』が世に出てから40年が経ちました。この本は雑誌「新住宅」に連載したのがはじまりですから、さらに年月が経っています。その間に私たちの日常生活は大分変わりました。しかし、その大部分は社会的な生活で、住宅内の生活ではないように思います。新幹線が何本もできて、旅行の範囲が広がりました。日用品や食品はコンビニエンスストアやスーパーマーケットで何でもそろう昨今です。これにより台所の使い方や、炊事に掛ける時間がへりました。確かに、時間ができただけ、趣味に時間を費やすようになりました。しかし、私たちの日常生活、朝起きてから夜寝るまでは、あまり変わっていないように思います。

　このたび、この本の改訂という話が出たとき、読み返してみると改めるところがほとんどないように思いました。しかし、せっかく版を新しくするなら、読んでいただく方々に便利にしようと考え、図版に番号を付けて本文との関連がわかりやすくなるようにと考えました。その点だけが改訂にあたって変わった点です。

　終りに御協力いただいた方々に御礼を申し上げます。中でもこの本の生みの親である小林清さんにとくに感謝申し上げる次第です。

著者略歴

平井 聖（ひらい きよし）

1929 年　東京都に生まれる
1952 年　東京工業大学建築学科卒業　工学博士
現　在　東京工業大学名誉教授、昭和女子大学名誉学長、同名誉教授
主な著書　『日本の近世住宅』鹿島出版会
　　　　　『城と書院』平凡社
　　　　　『日本住宅の歴史』日本放送出版協会
　　　　　『中井家文書の研究　内匠寮本図面篇』1-5　中央公論美術出版

改訂版　図説　日本住宅の歴史

2021 年 11 月 5 日　第 1 版第 1 刷発行

著　者･･･････平井 聖

発行者･･･････前田裕資
発行所･･･････株式会社 学芸出版社
　　　　　　京都市下京区木津屋橋通西洞院東入
　　　　　　電話 075 - 343 - 0811　〒 600 - 8216
　　　　　　http://www.gakugei-pub.jp/
　　　　　　E-mail:info@gakugei-pub.jp

編集担当･･･････中木保代

装　丁･･･････赤井佑輔（paragram）
編集協力･･･････村角洋一デザイン事務所
印　刷･･･････創栄図書印刷
製　本･･･････山崎紙工